U0960134

会计学原理实验教程

主　　编　　欧阳歆

天津大学出版社
TIANJIN UNIVERSITY PRESS

内 容 提 要

本教材主体内容分为五章，其中第一章为“出纳知识与点钞”，第二章为“会计核算的一般要求”，第三章为“实验教学组织安排及其设计”，第四章为“实验资料”，第五章为“模拟实验参考答案。”本教材提供会计分录、会计报表以及主要数据计算过程，供学习者借鉴；同时特别设置了附录部分，包括“证账表样单”、“手工数字练习资料”、“点钞技能考核资料”、“学生实验报告”等，供教材使用者参考。

图书在版编目（CIP）数据

会计学原理实验教程/欧阳歆主编．—天津：天津大学出版社，2009.9（2016.3重印）

ISBN 978-7-5618-3207-3

Ⅰ．会…　Ⅱ．欧…　Ⅲ．会计学—教材　Ⅳ．F230

中国版本图书馆CIP数据核字（2009）第162216号

出版发行	天津大学出版社
地　　址	天津市卫津路92号天津大学内（邮编：300072）
电　　话	发行部：022-27403647
网　　址	publish.tju.edu.cn
印　　刷	天津泰宇印务有限公司
经　　销	全国各地新华书店
开　　本	169mm×239mm
印　　张	9.75
字　　数	208千
版　　次	2009年9月第1版
印　　次	2016年3月第5次
定　　价	30.00元

前　言

会计模拟实验，是会计专业实践性教学的重要手段，同时也是高等学校培养高级应用型会计人才不可或缺的教学环节。为此，我们以《企业会计准则》、《企业会计制度》为依据，根据会计学原理课程教学大纲的要求，结合企业会计实务，在搜集了大量的企业会计实际操作资料的基础上编写了这本《会计学原理实验教程》。

本教程根据会计学原理课程体系要求，按照企业账务处理流程，以一个小型工业企业为例，用原始凭证的方式提供了全面、立体、仿真式的企业会计核算的经济业务资料。其内容具有实践性、启发性、应用性、指导性和综合性。这种全仿真的会计模拟实验教学，对提高学生的职业判断能力及操作技能有着积极的作用。

本教程分为出纳知识与点钞、会计核算的一般要求、实验教学组织安排及其设计、实验资料、模拟实验参考答案、证账表样单等附录共六个主要部分。本教程适用于会计学专业、经济管理专业学生在会计实验室进行的会计实验操作，也可作为在职财会人员的工作参考，既可用作手工会计操作训练，又可为会计电算化提供参考资料。

本教程欧阳歆为主编，陶静为副主编，汪文辉为参编人员。

本教程在编写过程中，得到了天津大学出版社、相关院校的大力支持和协助，在此一并感谢。

由于编者水平有限，时间仓促，本教程难免会有疏漏和失误之处，敬请广大师生不吝指正，以利今后改进和提高。

编者

2009 年 7 月

目　录

第一章　出纳知识与点钞

第一节　会计手工数字练习

数字是计算的依据，计算的过程和结果都要通过数字来表示，没有数字，计算就无法进行。因此，数字是计算工作的基础，在计算工作中有着十分重要的地位。

会计记录的文字（含大写数字，下同）应当使用中文，小写数字应当使用阿拉伯数字。汉字大写数字一般用于各种重要凭证的书写，阿拉伯数字则用于凭证、账簿、报表的书写。汉字大小写数字有时会在一份凭证上同时出现，相互印证。

企业手工填制会计凭证、登记会计账簿和编制财务会计报告必须使用钢笔或碳素笔，用蓝黑或黑墨水；在填写多联原始凭证、会计报表时方可使用蓝或黑油圆珠笔。

一、阿拉伯数字的书写

阿拉伯数字，有0、1、2、3、4、5、6、7、8、9，是世界各国通用的数字表示方法。

（一）阿拉伯数字书写的有关规定

1. 书写与数位相结合。

写数时，每一个数字都要占据一个位置，每一个位置表示各种不同的单位。数字所在位置表示的单位，称为“数位”。数位按照个、十、百、千、万排序，是由小到大、从右向左排列的，但写数与读数的习惯顺序，却是由大到小、从左向右的。我国的数位排列如表1-1所示。

2. 采用三位分节制。

使用分节号能够较容易地辨认数的数位，有利于数字的书写、阅读和计算工作。

表 1-1　　　　　　　　　　　　**数位排列表**

数位	万万万位	千万万位	百万万位	十万万位	万万位	千万位	百万位	十万位	万位	千位	百位	十位	个位	十分位	百分位	千分位	万分位	十万分位	百万分位
读法	兆	千亿	百亿	十亿	亿	千万	百万	十万	万	千	百	十	个	分	厘	毫	兰	忽	微

数的整数部分，采用国际通用的“三位分节制”，从个位向左每三位数用分节号“,”（或空 1/4 字空）分开。

例如：

千万位	百万位	十万位	万位	千位	百位	十位	个位
8	2,	0	9	0,	0	0	0

带小数的数，应将小数点记在个位与十分位之间的下方。

例如：

千位	百位	十位	个位	十分位	百分位
7,	0	2	4.	6	5

一般账表凭证的金额栏印有分位格，元位前每三位印一组线代表分节号，元位与角位之间的粗红线则代表小数点，记数时不要再加分节号或小数点。

3. 关于人民币符号“¥”的使用。

在填制凭证时，小写金额前一般均冠以人民币符号“¥”，“¥”是“YUAN”（元）的缩写，“¥”既代表了人民币的币制，又表示了人民币“元”的单位。所以小写金额前填写“¥”以后，数字之后就不需要再写“元”了。

书写时，在“¥”与数字之间，不能留有空位，以防止金额数字被人涂改。

书写人民币符号“¥”，要注意与阿拉伯数字有明显的区别，不能写成像阿拉伯数字的“7”或“9”一样。

在登记账簿、编制报表时，不能使用“¥”符号，因为账簿、报表上不存在因金额数字被涂改而造成损失的情况。在账簿或报表上如果使用“¥”反而会增加错误的可能性。

4. 关于金额角、分的写法。

在无金额分位格的凭证上，所有以元为单位的阿拉伯数字，除表示单价等情况外，一律写到角、分，分以下四舍五入，无角、分的，角位和分位可写“00”，或符号“—”，有角无分的，分位应写“0”，不能用符号“—”代替。如人民币柒拾伍元整，可以写成“¥75.00”，也可以写成“¥75.—”；人民币柒拾捌元玖角整，应写成“¥78.90”，而不能写成“¥78.9—”。

（二）账表凭证上的书写要求

在有金额分位格的账表凭证上，主要是在账簿上，阿拉伯数字的书写，结合记账规则需要，有特定的要求。

1. 规范化写法实例。

2. 说明。

（1）数字的写法是自上而下，先左后右，要一个一个地写，不要连写，以免分辨不清。

（2）斜度约以 60°为准。

（3）高度以账表格的二分之一为准。

（4）手写“7”和“9”应当下出头，并超过底线，出头的长度约为一般字体高度的四分之一。其他数字都要靠在底线上。

（5）手写“6”应当上出头，出头的长度约为一般字体高度的四分之一。

（6）手写“0”时，字高、字宽应当与其他数字相同；手写“6”、“8”、“9”、“0”时，圆圈不留缺口。

（7）“4”的顶部不封口。

（8）从最高位起，以后各格必须写完，如贰仟伍佰元，应写成

亿	千	百	十	万	千	百	十	元	角	分
					2	5	0	0	0	0

不能写成

亿	千	百	十	万	千	百	十	元	角	分
					2	5	0	0		

也不能写成

亿	千	百	十	万	千	百	十	元	角	分
					2	5				

（9）数字写错需要更正时，不论写错的数字是一个还是几个，应把全部数字用一道红线划销，在红线左端或压线加盖经手人私章，然后再把正确的数字写在错误数字的上方，不得任意涂改、挖补、刀刮和皮擦，更不得用药水销蚀，以保证数字的真实严谨。

二、汉字大写数字的书写

汉字大写数字使用正楷或行书字体书写，字迹须清晰、工整外，还应当符合以下要求。

1. 汉字大写金额数字为零、壹、贰、叁、肆、伍、陆、柒、捌、玖、拾、佰、仟、万、亿，单位为元（圆）、角、分；填写时，不得用〇、一、二、三、四、五、六、七、八、九、十、廿、毛、仨、另等简化字字样代替。

2. 大写金额数字前未印有货币名称的，应当加填货币名称如“人民币”等，货币名称与金额数字之间不得留有空白。有固定格式的重要单证，大写金额栏一般印有“人民币”字样，数字应紧接在“人民币”字样后面书写，在“人民币”与数字之间不得留有空位。

3. 大写金额数字到元或者角为止的，在“元”或者“角”字之后应当写“整”字或“正”字；大写金额数字有分的，“分”字后面不写“整”字或“正”字。

4. 未印有位数的，填写大写金额数字，阿拉伯金额数字之间有“0”时，应当按以下规定填写。

（1）阿拉伯金额数字之间有“0”时，汉字大写金额要写“零”字。如“¥101.50”，汉字大写金额应当写成“人民币壹佰零壹元伍角整”。

（2）阿拉伯金额数字中间连续有几个“0”时，汉字大写金额中可以只写一个“零”字。如“¥1,004.56”，汉字大写金额应当写成“人民币壹仟零肆元伍角陆分”。

（3）阿拉伯金额数字元位是“0”，或者数字中间连续有几个“0”、元位也是“0”但角位不是“0”时，汉字大写金额可以只写一个“零”字，也可以不写“零”字。如“¥1,320.56”，汉字大写金额应当写成“人民币壹仟叁佰贰拾元伍角陆分”或“人民币壹仟叁佰贰拾元零伍角陆分”；又如“¥1,000.56”，汉字大写金额应当写成“人民币壹仟元零伍角陆分”或“人民币壹仟元伍角陆分”。

5. 印有位数的，填写大写金额数字，阿拉伯金额数字之间有“0”时，应当按以下规定填写。

（1）数字之间有几个“0”的，均应逐位填写“零”。

（2）大写金额数字前有空位的，应当在数字前用“⊗”符号逐位补齐。

6. 关于“壹拾几”的“壹”字，在书写汉字大写金额数字中不能遗漏，平时口语习惯说“拾几”、“拾几万”，但“拾”字仅代表数位，不是数字。如“¥100,000.00”，汉字大写应写成“人民币壹拾万元整”；又如“¥140,015.00”，汉字大写应写成“人民币壹拾肆万零壹拾伍元整”。

三、关于红字金额的书写规定

以下内容的记账凭证、会计账簿和原始凭证可以使用红墨水（油）笔填制。

1. 记账凭证中以下内容的记录金额，应当使用红色墨水填制：

（1）用红字更正法冲减原错误记账凭证的；

（2）分配实际成本小于计划成本的材料成本差异；

（3）记录售价低于进价的商品进销差价；

（4）冲减费用或成本项目金额的；

（5）根据红字原始凭证填制的。

2. 会计账簿登记的以下内容，应当使用红色墨水填制：

（1）依据红字记账凭证登记账簿；

（2）在多栏式账页的同一项目专栏中登记减少数额；

（3）在会计账簿中画更正线、结账线和注销线。

3. 以下内容的原始凭证，应当使用红色墨水填制：

（1）符合税法规定的销货退回而开出的发货票；

（2）冲减销售的销售日报；

(3) 退回购进财物的验收单;

(4) 月末作退库处理的领料单。

4. 其他可以使用红色墨水填制的。

使用计算机进行会计核算的企业，发生以上事项时可以用“—”号表示。

第二节　票据印鉴知识

一、票据知识

(一) 票据的含义

票据是按照一定形式制成、写明有付出一定货币金额义务的证件，是出纳或运送货物的凭证。广义的票据泛指各种有价证券，如债券、股票、提单等。狭义的票据仅指以支付金钱为目的的有价证券，即出票人根据票据法签发的，由自己无条件支付确定金额或委托他人无条件支付确定金额给收款人或持票人的有价证券。在我国，票据即汇票、支票及本票的统称。

(二) 票据行为

票据行为有广义和狭义两种。广义的票据行为是指以发生、变更或消灭票据的权利义务关系为目的的法律行为，包括出票、背书、涂改、禁止背书、付款、保证、承兑、参加承兑、画线、保付等。狭义的票据行为是票据当事人以负担票据债务为目的的法律行为，包括出票、背书、承兑、参加承兑、保证、保付六种。

1. 出票。

出票是指出票人依照法定款式作成票据并交付于受款人的行为。它包括“作成”和“交付”两种行为。所谓“作成”就是出票人按照法定款式制作票据，在票据上记载法定内容并签名。由于现在各种票据都由一定机关印制，因而所谓“作成”只是填写有关内容和签名而已。所谓“交付”是指根据出票人本人的意愿将其交给受款人的行为。不是出于出票人本人意愿的行为（如偷窃票据）不能称作“交付”，因而也不能称作出票行为。

2. 背书。

背书是指持票人转让票据权利于他人。票据的特点在于其流通。票据转让的主要方法是背书，当然除此之外还有单纯交付。背书转让是持票人的票据行为，只有持票人才能进行票据的背书。同时它也是转让票据权利的行为，票据一经背书转让，票据上的权利也随之转让给被背书人。

3. 承兑。

承兑是指汇票的付款人承诺负担票据债务的行为。承兑为汇票所独有。汇票的发票人和付款人之间是一种委托关系，发票人签发汇票，并不等于付款人就一定付款，持票人为确定汇票到期时能得到付款，在汇票到期前向付款人进行承兑提示。如果付款人签字承兑，那么他就对汇票的到期付款承担责任；否则，持票人有权对其提起诉讼。

4. 参加承兑。

参加承兑是指票据的预备付款人或第三人为了特定票据债务人的利益，代替承兑人进行承兑，以阻止持票人于汇票到期日前行使追索权的一种票据行为。它一般是在汇票得不到承兑，付款人或承兑人死亡、逃亡或其他原因无法承兑，付款人或承兑人被宣告破产的情况下发生。

5. 保证。

保证是指除票据债务人以外的人为担保票据债务的履行，以负担同一内容的票据债务为目的一种附属票据行为。票据保证的目的是担保其他票据债务的履行，适用于汇票和本票，不适用于支票。

6. 保付。

保付是指支票的付款人向持票人承诺负绝对付款责任的一种附属票据行为。保付是支票付款人的一种票据行为。支票一旦经付款人保付，在支票上注明“照付”或“保付”字样，并经签名后，付款人便负绝对付款责任，不论发票人在付款人处是否有资金，也不论持票人在法定提示期间是否有提示，或者即使发票人撤回付款委托，付款人均须按规定付款。

在具体操作时，票据行为表现为票据当事人把行为的意思按照法定的方式记载在票据上，并由行为人签章后将票据交付。它包括三方面内容，即记载、签章和交付。

所谓记载，通俗地讲就是票据当事人在票据上写明所要记载的内容，如签发票据时应写明票据的种类、金额、无条件支付命令、签发票据日期以及其他需要明确的内容，承兑汇票时写上“承兑”字样，保证时应写上

“保证”或“担保”字样。

所谓签章，即是指签名、盖章或签名加盖章，它表明行为人对其行为承担责任。自然人签章是指在票据上亲自书写其姓名或加盖其私章。法人和其他使用票据单位的签章为该法人或者该单位的盖章加其法定代表人或其授权的代理人的签章。按照《票据法》规定，在票据上的签名应当为该当事人的本名，而不能用笔名、艺名等来代替。

所谓交付，是指票据行为人应将票据交付给执票人。票据行为人在票据上进行记载，并进行签章后，票据还不能发生法律效力，只有票据被交付给了对方，票据才能发生法律效力。

二、印鉴知识

印鉴印章是用作印于文件上表示鉴定或签署的文具，一般印章都会先沾上颜料再印上，不沾颜料印上平面后会呈现凹凸的称为干印，有些是印于蜡或火漆上，有些则是用力压印于纸上，令纸的表面有凹凸。

（一）印鉴的种类

企业应当根据实际业务需要刻制会计印章，并按照规定使用范围使用。一般应当刻制下列会计印章。

1. 财务专用章。该章用于企业签发支票、承兑汇票等银行结算票据，以及用于对外的重要单证和有价单证的名称公章。

2. 法人代表人名章（含授权代理人名章，下同）。该章用于企业签发支票、承兑汇票等银行结算票据，也可用于会计报表账簿等。

3. 现金收讫章。该章用于签发现金收入凭证。

4. 现金付讫章。该章用于签发现金付出凭证。

5. 银行收讫章。该章用于签发转账收入凭证。

6. 银行付讫章。该章用于签发转账付出凭证。

7. 营业专用章（含发票专用章、现金收款章、现金付款章、银行收款章、银行付款章等，下同）。该章用于签发销售凭证或购进凭证。

8. 已报销入账章。该章用于加盖已作为记账凭证附件的原始凭证。

9. 会计人员名章。该章用于加盖制证（单、表）、记账、审核、错误更正等应承担会计责任的会计凭证、会计账簿、会计报表等会计资料。

10. 科目章（含明细科目章、上年结转、结转下年、日计、月计、本年累计、承前页、过次页章等，下同）。该章用于加盖记账凭证、会计账簿。

11. 企业名称及账号条形章。该章用于加盖专用发票和银行票据等。

（二）印鉴的刻制和保管使用规定

财务专用章、现金收（付）讫章、银行收（付）讫章、法人代表名章、营业专用章，由企业根据《国务院关于国家行政机关和企业事业单位社会团体印章管理的规定》、《公安部关于〈印章治安管理信息系统标准〉的通知》和地方的相关规定统一设计和刻制；其他会计印章，自行决定刻制。

会计印章应当按照以下规定保管和使用。

1. 严禁一人保管支付款项所需的全部印章。会计印章一般应由以下人员保管和授权使用。

（1）法人代表名章由会计机构负责人（会计主管人员）或其指定的非出纳员保管和授权使用。

（2）财务专用章、现金收（付）讫章、银行收（付）讫章由出纳员保管和授权使用。

（3）科目章、已报销入账章由相对使用人员保管和授权使用。

（4）会计人员名章由本人自行保管和授权使用。

（5）企业名称及账号条形章由销售部门或出纳员保管和授权使用。

（6）营业专用章由各销售收款人或收购付款人保管和授权使用。

2. 涉及资金安全的会计印章，应当有必要的安全保管措施，避免出现印章无人监管的情况。

3. 会计印章保管人员应当在规定用途和范围内授权用印，不准交由非责任人用印，不准在空白单证及纸张上用印。

4. 会计印章一般不得携带出企业使用。确因工作需要携带出企业使用的，必须经企业负责人或其授权人批准，并由保管人员监督用印。

5. 启用、封存会计印章，应当填制会计印章启用、封存表；会计印章（会计人员名章除外）应当随会计人员的交接办理交接手续，变更保管人应当办理印章交接手续，并做出记录。

第三节　点钞方法和识别技术

点钞是财经类专业的学生应该学习的一项专业技术，也是从事财会、金融、商品经营等工作必须具备的基本技能。

我国现行流通的人民币面额共有12种，分别为壹佰元、伍拾元、贰拾元、拾元、伍元、贰元、壹元、伍角、贰角、壹角、伍分、贰分、壹分。由于钞票种类繁多、票面新旧不一，因此，只有熟练掌握点钞的方法和技术，才能在收、付款，结账缴款等项出纳工作中，尽可能地减少差错、事故的发生，提高工作效率，确保公私财产的安全完整。

一、点钞的基本程序和要求

（一）点钞的基本程序

点钞的程序是：拆把→点数→扎把→盖章。

1. 拆把：把待点的成把钞票的封条拆掉。
2. 点数：手点钞，脑记数，点准100张。
3. 扎把：把点准的100张钞票顿齐，用腰条扎紧。
4. 盖章：在扎好的钞票的腰条上加盖经办人名章，以明确责任。

（二）点钞的基本要求

在人民币的收付和整点中，要把混乱不齐、折损不一的钞票进行整理，使之整齐美观。整理的具体要求如下：

平铺整齐，边角无折；同券一起，不能混淆；

券面同向，不能颠倒；验查真伪，去伪存真；

剔除残币，完残分放；百张一把，十把一捆；

扎把捆捆，经办盖章；清点结账，复核入库。

二、钞票的捆扎

由于钞票种类较多，在收款、交款工作中，应先将钞票按不同票面额分别加以整理归类，整理时要注意残次票应单独另放，清点时应以相同面额100张为一组，以便交款点验。钞票的捆扎方法有以下两种。

1. 简单捆扎法。

将钞票在桌上顿齐，横立，左手拇指在前，中指、无名指和小拇指在后捏住钞票，右手将裁好的纸条交由左手食指按住，长的一端在前，短的一端在后，再用右手拇指、食指夹住纸条长的一端，由上向下，由里向外缠绕一圈至钞票背面，再将纸条短的一端拉下，使两个纸条头在票后合拢并拉紧，用左手转动钞票，以便将合拢的纸条拧好，最后将合拢的纸条头掖在纸条下面。

2. 快速捆扎法。

将钞票顿齐后持在左手，拇指在钞票前面，中指、无名指和小拇指从后面夹住钞票，食指从钞票中闯开一条缝，右手将纸条一端插入缝内，另一端由里向外缠绕一周，将余下的纸条头沿票面的一边向上翻折掖在纸条下面。

三、点钞的方法

（一）手按式单张点钞法

这种点钞方法是点钞中最普遍、最简单的方法之一。由于此种方法简单易学，既适用于出纳人员整点各种新旧、大小票，也适用于一般场合中的现金交易。这种方法的优点是便于清点各种票面额的钞票以及整理残次票，对识别票面额较大的假票也有帮助；缺点是整点速度慢，劳动强度大。

1. 按票的姿势。

将钞票顿齐横放在桌子中央部位，左手放在钞票偏左的位置上，用中指、无名指和小拇指按住钞票，右手放在钞票偏左的位置上，拇指托起一部分钞票，做好点票的准备。

2. 翻票和记数。

用右手食指蘸水后向下捻动钞票，大拇指向上托起辅助食指动作，每翻起一张，左手拇指即向上推送并由食指和中指夹住，重复以上动作，直至点完为止。每翻起一张钞票数一下，从 1 数到 100 为一组。或者采用只记十位数，即将 10 念 1，20 念 2，30 念 3，90 念 9，100 念 10。

（二）手按式双张点钞法

采用双张点钞法比单张点钞速度快些，但不便于清点新旧票及残次票。

1. 按票的姿势。

将钞票顿齐放在桌子中央，左手放在钞票偏左的位置上并用中指、无名指和小拇指压住钞票，右手大拇指托起右下角一部分钞票。

2. 翻票和记数。

右手食指、中指蘸水，中指捻起第一张钞票，食指随即捻起第二张。

捻起的两张钞票由左手拇指向上推送并由食指和中指夹住，重复以上动作直至点完为止。记数时每翻起两张钞票心中默数一下，从1数到50即可。

（三）手持式单张点钞法

1. 持票的姿势。

将钞票在桌面上顿齐后，用左手中指和无名指夹住钞票底端的中间部位，食指按在钞票背面左端中间，拇指按在票前面左端中间。

2. 点钞法。

将右手拇指、中指和食指3个指头蘸水以做好点钞准备，用右手拇指和食指夹起钞票的右上角，并用拇指突出部位用力往右捻动，食指配合，使钞票的右上角错开，形成微扇面形，既便于翻票点数，又利于清点残次票。

3. 翻票与记数。

右手拇指向下捻动钞票的右上角，同时食指在钞票背面顶住钞票并配合拇指捻动，无名指将捻起的钞票由上向下弹落。中指和小拇指自然弯曲，以不影响其他手指动作为要。一边捻点，一边记数，为保证捻点的速度，捻动的幅度要适中，记数时可采用从1，2，3，…，100的方法，也可将10念1，20念2，…，90念9的方法。

（四）手持式双张点钞法

1. 持票的姿势。

左手持票将钞票在桌面上顿齐后，采用左手持票的方法，详见手持式单张点钞法。

2. 翻票与记数。

右手拇指用力从钞票的右上角捻动钞票，使钞票露出两张，食指和中指这时配合拇指捻动，将捻起的两张钞票用无名指勾起弹向怀里，即完成一次动作，反复重复以上动作直至点完为止。记数时以两张为一组，从1数到50就是100张。

（五）手持式四张点钞法

此种方法适宜于整点大量钞票，一般先将钞票清点整理一下，挑出残次票后，再进行大批量的整点。

1. 翻票。

左手持票右手捻点。右手拇指用力从钞票的右上角往下捻动，使钞票露出四张。食、中二指在票后再捻动。左手拇指在右手拇指捻动的同时稍微抬起，使钞票弯曲拱起，并使钞票从侧翼错开，这样便于看清张数。右手拇指向下拨钞，无名指勾起钞票向怀里弹的同时，左手拇指抬起使钞票下落。

2. 记数。

采用四张为一组记数，从 1 数到 25 即为 100 张。

（六）手持式五张点钞法

这种方法也是点钞中常用的方法之一，它的速度比四张点钞法快一些，缺点是不利于清点残次票。

1. 翻票。

右手拇指用力从钞票的右上角捻动钞票，使钞票露出 5 张。食指和中指这时配合拇指捻动，将捻起的 5 张钞票用无名指勾起弹向怀里，即完成一次动作。反复重复以上动作直至点完为止。

2. 记数。

采用 5 张为一组记数，从 1 数到 20 即为 100 张。

（七）手持式四指拨动点钞法

四指拨动点钞法是快速点钞法的一种，特别适合于收、付款复核工作，点钞技术比赛以及表演等，是出纳人员应该具备的基本技能之一。其优点是省时，省力，效率高；缺点是不便于清点残次票。

1. 持票的姿势。

将钞票在桌面顿齐，用左手夹住钞票一端即用无名指、小拇指放在钞票正面，其余 3 指放在钞票背面使钞票一端弯曲呈弧形，钞票下端夹在无名指和小拇指中间，上端弯曲后从虎口露出来，并用拇指和食指卡住。

2. 拨票与记数。

右手拇指配合左手顶住钞票下滑的幅度，其余 4 指蘸水后，依次按小指、无名指、中指和食指的次序每指拨动 1 张钞票的右上角，即完成 1 次拨动。重复以上动作，左右两手相互配合。记数时每指拨动 1 张。

（八）手持式五指拨动点钞法

1. 持票的手势。

持票时用左手的中指和无名指的指缝（手指要弯曲着）夹住钞票底端

中间，食指与拇指从钞票两侧伸出，夹住钞票稍成弧形。

2. 点票法。

右手指蘸水。点数时，用右手拇指往外拨（下方）钞票的左上角，然后分别由食指、中指、无名指、小指的顺序向怀里（下方）拨动钞票右上角（呈弧形面）到小指收尾。循环做上面的动作，点完为止。

3. 记数。

采用分组记数法，每5张为1组，记1个数，共计20次为100张。

（九）扇面点钞法

这种方法由于1次可点5张、10张，甚至更多张数，所以其速度是所有点钞方法中最快的一种。由于速度快，所以这种方法不便于清点残次票，一般适用于点钞技术比赛等项工作。

1. 打扇面。

将钞票在桌面顿齐，钞票竖起，用左手和右手配合夹住钞票下端，左右手拇指在票前，其余手指在票后夹紧钞票。打扇面时以左手为轴，右手食指将钞票向左下方弯压，迅速向右方闪抖，同时右手拇指向左，食指、中指向右拧动钞票。左手配合顺着右手拧动的力，拇指向右，食指、中指向左上方拧动，迅速地将扇面整齐均匀打开。如不均可重新按上述方法做一遍或是用右手将不均匀的地方调整一下。

2. 点票与记数。

这种点票方法速度快，一般是按每5张点1次或每10张点1次。最快的有每次20张，即观察点钞法。扇面打开后，第一种点票的方法是用右手拇指从打开的扇面上方，一次按下5张，并用食指轻轻按住，其余手指托在票面背后，即为一次点数，然后拇指再依前述动作轻轻上移，直至点完。记数时以每次5张为1组，从1数到20即为100张。第二种方法是右手大拇指每次按下10张，并用食指轻轻按住，重复上述动作，直至点完。记数时10张为1组，从1数到10即为100张。第三种方法是每25张为1组，即用右手的小拇指、无名指、中指、食指和拇指每次每指轻按5张，共25张。右手按点，左手应随着向前移动的幅度作相应的配合。一次动作结束后，以拇指为分界线，拇指轻压住最后5张钞票，右手手腕抬起将其余4指向前移动，使小拇指在拇指前按住5张钞票，其余手指依次向前动作，直至点完。记数时采用每25张为1组，从1数到4，共4次，为100张。

（十）混合点钞法

由于票面额种类繁多，出纳人员在结账时一定要按票面额大小顺序整点好，先整点大面额的钞票，并将其数额拨在算盘相应档位上，再依次将其余的各种类钞票按数额大小拨在算盘上得出总数。从大面额整点，依次点完。

四、人民币的特征及识别

人民币有 7 种基本特征，了解这些特征，有助于经手人辨别人民币的真伪。

一是水印。将钞票迎光透视，可看到层次丰富、立体感强、具有浮雕立体效果的固定水印。

二是雕刻凹版印刷。其特点是图像层次丰富，色泽浓郁，立体感强，用手触摸有凹凸感。

三是多色接线图纹。图案上的条纹由多种颜色组成，线条相接处无漏白、无错位现象。

四是磁性印记。用专用磁性检测器在该部位会显示出磁性信号。

五是无色荧光图纹。在紫外线灯照射下可显示出黄绿色字样。

六是安全线。将 1990 年版壹佰元券和伍拾元券迎光透视，可以看到一条规则的金属线。

七是年版号不同。纸币和硬币背面均印有印制年号。

鉴别真假人民币时，一是要用眼看，根据人民币的图案特征，颜色深浅，花纹粗细，水印有无及位置正确与否来断定真假；二是用手摸，即用手摸整个版面，人民币版面有凹凸感，而且纸张挺括、坚韧，假币手感则滑，纸质或较厚。有条件的话，也可用仪器鉴别，即假币在紫外灯照射下明显发白，而真币则不变色。

第四节　出纳岗位职责

出纳是会计工作的重要环节，涉及的是现金收付、银行结算等活动，而这些又直接关系到职工个人、单位乃至国家的经济利益，工作出了差错，就会造成不可挽回的损失。因此，明确出纳人员的职责和权限，是做好出纳工作的起码条件。根据《会计法》、《会计基础工作规范》等财会法规，出纳员具有以下职责。

1. 按照国家有关现金管理和银行结算制度的规定，办理现金收付和银行结算业务。出纳员应严格遵守现金开支范围，非现金结算范围不得用现金收付；遵守库存现金限额，超限额的现金按规定及时送存银行；现金管理要做到日清月结，账面余额与库存现金每日下班前应核对，发现问题，及时查对；银行存款明细账与银行对账单也要及时核对，如有不符，应立即通知银行调整。

2. 根据会计制度的规定，在办理现金和银行存款收付业务时，要严格审核有关原始凭证以及收付款凭证，然后根据收付款凭证逐笔顺序登记现金日记账和银行存款日记账，并结出余额。

3. 按照国家外汇管理和结汇、购汇制度的规定及有关批件，办理外汇出纳业务。外汇出纳业务是政策性很强的工作，随着改革开放的深入发展，国际间经济交往日益频繁，外汇出纳也越来越重要。出纳人员应熟悉国家外汇管理制度，及时办理结汇、购汇、付汇，避免国家外汇损失。

4. 掌握银行存款余额，不准签发空头支票，不准出租、出借银行账户为其他单位办理结算。这是出纳员必须遵守的一条纪律，也是防止经济犯罪、维护经济秩序的重要方面。出纳员应严格使用和管理支票和银行账户，从出纳这个岗位上堵塞结算漏洞。

5. 保管库存现金和各种有价证券（如国库券、债券、股票等）的安全与完整。要建立适合本单位情况的现金和有价证券保管责任制，如发生短缺，属于出纳员责任的要进行赔偿。

6. 保管有关印章、空白收据和空白支票。印章、空白票据的安全保管十分重要，在实际工作中，因丢失印章和空白票据给单位带来经济损失的不乏其例。对此，出纳员必须高度重视，建立严格的管理办法。通常，单位财务公章和出纳员名章要实行分管，交由出纳员保管的出纳印章要严格按规定用途使用，各种票据要办理领用、注销登记等手续。

第二章　会计核算的一般要求

本教程是以武汉市新进工贸有限公司2008年12月份实际发生的经济业务为基础，参照上月相关资料，通过原始凭证的审核、记账凭证的填制与审核、账簿的登记、对账、结账、编制会计报表等账务处理流程来掌握小型制造企业经济业务的核算过程。

第一节　填制会计凭证

会计凭证是记录经济业务发生和完成情况的书面证明，是记账的重要依据。填制会计凭证是一项基础工作，对会计核算过程、会计信息质量等起着至关重要的作用，做好这项工作，要求会计人员有扎实的基本功、严谨的工作态度和高度负责的精神。

一、会计凭证的种类

会计凭证按其填制的程序和用途的不同可以分为原始凭证和记账凭证两种。

（一）原始凭证

原始凭证是经济业务发生时所取得或填制的、载明经济业务的执行和完成情况的书面证明，是经济业务发生的最初证明，在法律上具有证明效力。它是进行会计核算的原始资料和重要依据，如出差购买的车船票、采购材料的发票、到仓库领料的领料单等。

1. 原始凭证的种类。

原始凭证按其取得的来源不同，可分为自制原始凭证和外来原始凭证两类。

2. 原始凭证的基本要素。

原始凭证必须具备的基本要素如下：

（1）原始凭证的名称；

（2）填制原始凭证日期；

（3）填制原始凭证的单位名称或者填制人姓名；

（4）经办人员的签名或者盖章；

（5）接受原始凭证单位名称或个人姓名；

（6）经济业务内容、数量、单价和金额。

3. 原始凭证的填制要求。

原始凭证是编制记账凭证的依据，是会计核算最基础的原始资料。要保证会计核算工作的质量，必须从保证原始凭证的质量做起，准确填制原始凭证。具体地说，原始凭证的填制必须符合下列要求。

（1）记录要真实。原始凭证所填列的经济业务内容和数字，必须真实可靠，符合实际情况。

（2）内容要完整。原始凭证所要求填列的项目必须逐项填列齐全，不得遗漏和省略。

（3）手续要完备。在填制原始凭证时，有关经办人员或经办单位必须按法规要求认真签名或盖章，做到责任明确、各负其责。

（4）填制要及时。各种原始凭证一定要及时填写，并按照规定的程序及时送交会计机构、会计人员进行审核。

（5）书写要清楚、规范。原始凭证要按规定填写，文字要简明，字迹要清楚，易于辨认，不得使用未经国务院公布的简化汉字。大小写金额必须相符且填写规范，具体要求参见本教程第一章第一节。

（6）编号要连续。各种凭证要连续编号，以便查考。有些凭证如果已预先印定编号，如支票、发票等，因书写不当或其他原因作废时，应加盖“作废”戳记，全部保存，不得撕毁。

（7）原始凭证不得涂改、挖补。发现原始凭证有错误的，应当由开出单位重开，更正处应当加盖开出单位的公章。

4. 原始凭证的审核。

为了如实反映经济业务的发生和完成情况，充分发挥会计的监督职能，保证会计信息的真实性、可靠性和正确性，会计机构、会计人员必须对原始凭证进行严格审核。具体包括以下方面。

（1）审核原始凭证的真实性，即审核原始凭证是否反映了经济业务的本来面貌，是否具备成为本单位合法会计凭证的条件。

（2）审核原始凭证的合法性，即审核原始凭证是否符合有关政策、法令、制度、计划、预算及合同的规定等。

（3）审核原始凭证的合理性，即审核原始凭证是否符合审批权限和手续，是否符合规定的开支标准，是否符合提高经济效益、实现经营目标的原则。

（4）审核原始凭证的完整性，即审核原始凭证的手续是否完备，应填写的项目是否填写齐全，有关经办人员是否都已签章，是否经过有关主管人员审核等。

（5）审核原始凭证的正确性，即审核原始凭证的摘要和数字是否填写清楚正确，数量、单价、金额及其合计数等有无差错，大写金额和小写金额是否相符。

（6）审核原始凭证的及时性，即审核经济业务发生时或完成时是否及时填制有关原始凭证，是否及时进行凭证的传递。

（二）记账凭证

记账凭证是本单位会计人员根据审核无误的原始凭证填制，载有反映经济业务的会计分录及简要内容，直接作为登记账簿依据的凭证。

1. 记账凭证的种类。

记账凭证按其适用的经济业务，可分为专用记账凭证和通用记账凭证两类。专用记账凭证是用来专门记录某一类经济业务的记账凭证。专用记账凭证按其所记录的经济业务与现金和银行存款的收付有无关系，又可分为收款凭证、付款凭证和转账凭证三种。通用记账凭证是以一种统一格式记录全部经济业务的凭证。

2. 记账凭证基本要素。

记账凭证作为登记账簿的依据，因其所反映经济业务的内容不同、各单位规模大小及其对会计核算繁简程度的要求不同，其格式亦有所不同，但为了满足记账的基本要求，记账凭证应具备以下基本要素。

（1）填制记账凭证的日期。

（2）记账凭证编号。

（3）经济业务的内容摘要。

（4）经济业务所涉及的会计科目及其记账方向。

（5）经济业务所涉及的金额。

（6）记账凭证所附原始凭证件（张）数。

(7) 记账标记。

(8) 填制凭证人员、记账人员、会计主管人员签名或者盖章。收付款的记账凭证还应当由出纳人员签名或者盖章。

3. 记账凭证填制要求

填制记账凭证除必须严格按照填制原始凭证的要求操作以外，还必须注意以下几个方面。

(1) 认真审核原始凭证。

对经济业务发生后取得或填制的原始凭证进行认真、严格的检查和审核，经确认其内容真实、准确无误后，方可填制相应的记账凭证。

(2) 确定采用何种记账凭证。

会计人员应根据审核无误的原始凭证所反映的经济业务性质，合理选用记账凭证（收款凭证、付款凭证、转账凭证，收支业务不多的单位可以使用通用的记账凭证）来记录各项经济业务。

(3) 正确填写摘要。

摘要栏应简单明了地填写经济业务的要点，文字说明应简练概括。依据经济业务的特点填列摘要栏文字，对查阅凭证、登记账簿都十分重要。

(4) 准确填写记账凭证的日期。

收付款业务因为要登入当天的日记账，记账凭证的日期应是货币资金收付的实际日期，但是与原始凭证所记载的日期不一定一致。转账凭证以收到原始凭证的日期为日期，但在摘要栏要注明经济业务发生的实际日期。

(5) 记账凭证依次编号。

记账凭证必须按月连续编号，以便于记账、查账，防止散落、丢失，要根据不同的情况采用不同的编号方法。

如果企业的各种经济业务的记账凭证采用统一的一种格式（通用格式），凭证的编号可采用顺序编号法，即按月编顺序号。如果是按照经济业务的内容加以分类，采用专用记账凭证，记账凭证的编号应采用字号编号法，即把不同类型的记账凭证用字号加以区别，再将同类记账凭证顺序号加以连续。专用格式的记账凭证，采用字号编号法，具体编为“收字第××号”，“付字第××号”，“转字第××号”。如果一笔经济业务需要填制多张记账凭证，可采用分数编号法。

（6）注明所附原始凭证的件（张）数。

在记账凭证上，必须注明所附原始凭证的件（张）数，并将有关原始凭证整理后，附在该记账凭证后面，表明一项经济业务发生后所涉及的、填制的全部会计凭证（结账和更正错账的凭证除外）。如果一张原始凭证涉及几张记账凭证，可以把原始凭证附在一张主要的记账凭证后面，并在其他记账凭证上注明附有该原始凭证的记账凭证的编号或者附原始凭证复印件。

（7）填写会计科目和编制会计分录。

按经济业务的性质，对原始凭证的内容进行归类后，即在记账凭证上按照先借后贷的顺序填写所涉及的会计科目（包括一级科目、子目或细目），会计科目应写全称，不得简写或只写编号而不写名称，不得用符号代替会计科目。必须按照会计制度统一规定的会计科目，根据经济业务的性质，编制会计分录，以保证核算口径一致，便于综合汇总。应用借贷记账法编制分录时，要编制简单分录或复合分录，以便从账户对应关系中反映经济业务的情况。

（8）规范地填写金额栏数字。

记账凭证的金额必须与原始凭证的金额相符。在填写金额数字时，阿拉伯数字书写要规范，行次、栏次的内容要对应明确。金额数字要填写至分位，如果“角”位、“分”位没有数字要写“00”字样。如果“角”位有数字，分位没有数字，则要在分位上写“0”字样。“角”、“分”位与元的位置应在同一水平线上，不得上下错开。

每一项经济业务填入金额数字后，要在记账凭证的合计行上填写金额，并在合计金额前标明人民币符号“¥”，合计金额要计算准确并保持借方与贷方之间的平衡。

（9）注销记账凭证中空行。

记账凭证填制经济业务事项后，如有空行，应当自金额栏最后一笔金额数字下的空行处至合计数上的空行处画斜线或一条“S”线，以注销空行。

（10）错误记账凭证的处理。

如果在填制记账凭证时发生错误，应当重新填制。如果是已经登记入账的记账凭证在当年内发现错误的，可以用红字注销法进行更正。如果会计科目没有错误，只是金额错误，可以将正确数字之间的差额，另编一张调整的记账凭证。

4．记账凭证的审核。

为了保证会计信息的质量，在记账之前应由有关稽核人员对记账凭证进行严格审核。其审核的主要内容包括以下几点。

（1）内容是否真实。指审核记账凭证是否有原始凭证为依据，所附原始凭证的内容与记账凭证的内容是否一致，记账凭证汇总表的内容与其所依据的记账凭证的内容是否一致等。

（2）项目是否齐全。指审核记账凭证各项目的填写是否齐全，如日期、凭证编号、摘要、会计科目、金额、所附原始凭证张数及有关人员签章等。

（3）科目是否正确。指审核记账凭证的应借、应贷科目是否正确，是否有明确的账户对应关系，所使用的会计科目是否符合国家统一的会计制度的规定等。

（4）金额是否正确。指审核记账凭证所记录的金额与原始凭证的有关金额是否一致，计算是否正确，记账凭证汇总表的金额与记账凭证的金额合计是否相符等。

（5）书写是否正确。指审核记账凭证中的记录是否文字工整、数字清晰，是否按规定进行更正等。

此外，出纳人员在办理收款或付款业务后，应在凭证上加盖“收讫”或“付讫”的戳记，以避免重收重付。

二、会计凭证的装订

会计凭证是企业、行政事业单位经济活动的见证和重要的历史资料，作为会计档案的重要组成部分，必须妥善保护和管理。

当期完成会计凭证的各项工作后，会计人员应将各种会计凭证加以汇总、整理，按记账凭证的编号顺序，连同所附的原始凭证或原始凭证汇总表，折叠一致，排列整齐，并加具封面、封底，装订成册，并在装订线上加盖封签。

三、会计凭证模拟实验操作要求

在会计模拟实验操作中，应将各种原始凭证剪下，粘贴在原始凭证粘贴纸上，并按经济业务先后顺序连续编号，作为记账凭证的附件，待记账凭证编制完毕以后，整理装订成册，并加具会计凭证封面，注明模拟企业名称、经济业务的年度和月份以及起止日期，并由装订人签名盖章。

第二节　登记会计账簿

会计账簿是全面记录和反映会计主体经济业务，把大量分散的数据或资料进行归类整理，逐步加工成有用会计信息的簿籍，它是编制会计报表的重要依据。登记会计账簿，是会计核算工作的重要环节。

一、会计账簿的设置

各单位应当按照国家统一会计制度的规定和会计业务的需要设置会计账簿。会计账簿包括总账、明细账、日记账和其他辅助性账簿。每一项会计事项，一方面要经科目汇总记入相关科目的总账账户，另一方面要记入该总账所属的明细账户。

二、会计账簿的启用

启用新的会计账簿时，应当在账簿封面上写明单位名称和账簿名称，并填写账簿扉页上的“启用表”，注明启用日期、账簿起止页数（活页式账簿，可于装订时填写起止页数）、记账人员和会计机构负责人、会计主管人员姓名等，并加盖名章和单位公章。

启用订本式账簿，从第一页到最后一页应顺序编写页数，不得跳页、缺号。使用活页式账页，应按账户顺序编号，并定期装订成册。装订后再按实际使用的账页顺序编写页码，另加目录，记明每个账户的名称和页次。

三、会计账簿的登记要求

会计人员必须根据审核无误的会计凭证，及时登记会计账簿。登记账簿要求如下所述。

1. 登记会计账簿时，应当将记账凭证日期、编号、业务内容摘要、金额和其他有关资料逐项记入账内。登记完毕后，记账人员要在记账凭证上签名或者盖章，并注明已经登账的符号“√”，以防止重记、漏记，并便于查阅、核对。

2. 各种账簿要按页次顺序连续登记，不得跳行、隔页。如不慎发生隔页、跳行时，应将空页或空行画线注销，或者注明“此行空白”、“此页空白”字样，并由记账人员在空白处签名或盖章。

3. 除制度规定允许用红色墨水登账的情况外，登记账簿要用蓝黑墨水或者碳素墨水书写，不得用圆珠笔或者铅笔书写。账簿中书写的文字和数字一般应占格距的二分之一，以便留有改错的空间。

4. 凡需要结出余额的账户，结出余额后，应当在“借或贷”等栏内写明“借”或“贷”等字样。没有余额的账户，应当在“借或贷”等栏内写“平”，并在余额栏内的“元”位上用“θ”表示。

5. 每一账页登记完毕结转下页时，应结出本页合计数及金额，写在本页最后一行和下页第一行有关栏内，注明“过次页”、“承前页”等字样。结转时需注意：需要结计本月发生额的账户，结计“过次页”的本页合计数应当为自本月初起至本页末止的发生额合计数；对需要结计本年累计发生额的账户，结计“过次页”的本页合计数应当为自年初起至本页末止的累计数；对既不需要结计本月发生额也不需要结计本年累计发生额的账户，可以只将每页末（倒数第二行）的余额结转次页。

6. 如果会计账簿记录发生错误，不允许用涂改、挖补、刮擦、药水消除字迹等手段更正错误，也不允许重抄，而应当根据情况，按照规定采用画线更正法等进行更正；由于记账凭证错误而使账簿记录发生错误，应当首先更正记账凭证，然后再按更正的记账凭证登记账簿。

四、对账

对账就是核对账目。会计核算要求账簿登记清晰、准确，但在实际工作中，由于种种原因，账目难免会出现错漏。因此，需要经常进行对账，做到账证相符、账账相符、账实相符。

五、结账

结账是在将本期内所发生的经济业务全部登记入账的基础上，按照规定的方法对该项期内的账簿记录进行小结，结算出本期发生额合计和余额，并将其余额结转下期或者转入新账。不同的账户记录，采用的结账方法不同。结账时，应当根据不同的账户记录，分别采用不同的方法。

1. 对不需要按月结计本期发生额的账户，如各项应收应付款明细账和各项财产物资明细账等，每次记账以后，都要随时结出余额，每月最后一笔余额即为月末余额。月末结账时，只需要在最后一笔经济业务之下通栏画单红线，不需要再结计一次余额。

2．现金、银行存款日记账和需要按月结计发生额的收入、费用等明细账，每月结账时，要在最后一笔经济业务记录下面通栏画红单线，结出本月发生额和余额，在摘要栏内注明“本月合计”字样，在下面再通栏画红单线。

3．总账账户平时只需结出月末余额。年终结账时，为了总括反映本年各项资金运动情况的全貌，核对账目，要将所有总账账户结出全年发生额和年末余额，在摘要栏内注明“本年合计”字样，并在合计数下通栏画红双线。

4．年度终了结账时，有余额的账户，要将其余额结转下年。结转的方法是，将有余额的账户的余额直接记入新账余额栏内，不需要编制记账凭证，也不必将余额再记入本年账户的借方或者贷方，使本年有余额的账户的余额变为零。

第三节　编制会计报表

一、资产负债表的编制

资产负债表是反映企业在会计报告期末全部资产、负债和所有者权益情况的报表。它是揭示企业在某一时点上财务状况的静态报表。

（一）编制规则

由于资产负债表反映的是企业某一时点的财务状况，所以其编制的规则是按资产、负债、所有者权益三类账户的期末余额填列，即在会计期间终了时，由会计人员办理调整与结账之后按总分类账户和有关明细账户上的资产、负债、所有者权益三类账户的余额汇编而成。

（二）编制方法

1．根据总账科目余额直接填列。

如“应收票据”、“应收股利”、“短期借款”、“应付职工薪酬”等项目。

2．根据总账科目借方余额计算填列。

如“货币资金”（现金＋银行存款＋其他货币资金）等项目。

3．根据明细科目余额分析计算填列。

如“应付账款”项目，需要对“预付账款”和“应付账款”两个科目所属的相关明细科目的期末贷方余额进行分析计算填列。

4. 根据总账科目和明细科目余额分析计算填列。

如“长期借款”项目，需要根据“长期借款”总账科目余额扣除“一年内到期的长期借款”部分填列。

5. 根据有关科目余额减去其备抵科目余额后的净额填列。

如“应收账款”项目应当根据经过明细分析的“应收账款”减去“坏账准备”科目余额后的净额填列；“固定资产”项目，应当根据“固定资产”科目的期末余额减去“累计折旧”、“固定资产减值准备”备抵科目余额后的净额填列；“无形资产”项目，应当根据“无形资产”科目的期末余额，减去“累计摊销”、“无形资产减值准备”备抵科目余额后的净额填列。

6. 综合运用上述填列方法分析填列。

如“存货”项目，需要根据“原材料”、“委托加工物质”、“周转材料”、“材料采购”、“在途物质”、“发出商品”、“材料成本差异”等总账科目期末余额的分析汇总数，再减去“存货跌价准备”科目余额后的净额填列。

二、利润表的编制

利润表是反映企业在一定会计期间经营成果的动态报表。

（一）编制规则

由于利润表主要提供企业一定会计期间经营成果方面的信息，所以其编制的规则是按照当期各损益类账户的实际发生额填列。

（二）编制方法

1. 以“营业收入”为基础，减去“营业成本”、“营业税金及附加”、“销售费用”、“管理费用”、“财务费用”、“资产减值损失”，加上“公允价值变动收益”和“投资收益”，计算出营业利润。

2. 以“营业利润”为基础，加上“营业外收入”，减去“营业外支出”，计算出利润总额。

3. 以“利润总额”为基础，减去“所得税费用”计算出净利润（或净亏损）。

第三章　实验教学组织安排及其设计

第一节　实验教学组织安排

会计实验教学组织工作，是会计模拟实验得以顺利完成的基本保证，为此，必须做好以下各项工作。

一、专班指导

成立以教研室主任为组织领导、任课老师为专业指导、会计模拟实验员为个别辅导、各班学习委员为信息传导的四结合实验领导小组，全面负责会计模拟实验教学的组织工作。领导小组一方面督促实验指（辅）导老师按模拟实验教学要求，严格履行其实验指（辅）导的工作职责，以保质保量完成会计模拟实验指（辅）导工作；另一方面，要加强学生模拟实验的日常管理。实验结束，领导小组应组织指导老师对学生的模拟实验成绩进行评定。

（一）对指（辅）导教师的要求

1. 实验指导教师应根据本教程的教学要求，认真组织所在班级学生的实验指导工作。

2. 实验辅导教师应在学生操作实验前，做好实验准备工作：按用量定额准备好学生操作用的记账凭证、原始凭证粘贴纸、会计凭证封面、会计账簿、科目汇总表、会计报表、凭证装订机、装订夹、胶水、装订纸、装订线等。

3. 实验指（辅）导教师应主动、热情、耐心地进行实验指导。

4. 实验结束后，指导教师应对每位同学的实验成绩认真地进行评审。

（二）对实验学生的要求

1. 在实验操作前，必须做好相应的准备工作，其中包括：全面复习会计学原理的基本理论及基本方法；备好实验用品、用具（如实验教程、文具袋、红蓝钢笔、草稿纸、文具刀、胶水等）。

2. 严格遵守实验纪律，不迟到、不早退和无故缺席。实验期间保证每天7课时的实验操作。

3. 积极配合实验指（辅）导教师的教学组织，按照实验进度和操作要求，认真完成实验操作任务。

4. 在实验全过程中，注意做到书本知识与实际操作相结合；独立操作与教师指导相结合；锻炼专业思维与提高核算质量相结合。

5. 根据《会计学原理实验教程》操作要求，规范、认真地完成实验任务，模拟实验结束后写出个人实验小结。

二、实验成绩考查及考评标准

（一）分数等级

优：90分以上　　良：80～89分　　中：70～79分
及格：60～69分　　不及格：60分以下

（二）分数构成

正确性：40分　　及时性：10分　　清晰性：10分
规范化：20分　　实验态度：10分　　实验纪律：10分

（三）扣分标准

1. 正确性。各项经济业务应按规范化账务处理流程进行并要求准确无误。一般数据每错一笔扣1分，关键数据每错一笔扣3分，借、贷方向错位每错一笔扣2分。

2. 及时性。按时上交实验作业，每超过规定进度一天扣除5分，超过2天以上不得分。

3. 清晰性。汉字、阿拉伯数字书写整洁、清晰、规范、不顶格、不涂改、不刮擦。如有违反，一处扣1分。

4. 规范化。填制凭证、登记账簿及编制会计报表，必须按规范化要求操作。若有违规，一处扣1分。

5. 实验态度。积极思考，独立操作，严禁抄袭，若有违规现象，实验态度以“0”分计算。

6. 实验纪律。实验期间不得迟到、早退及无故缺席。迟到、早退每次扣 2 分，无故缺席每次扣 5 分。

三、实验报告

见本教程附录四，可根据字数要求扩大版面。

第二节　实验教学设计

一、实验目的

本实验教程模拟了武汉市新进工贸有限公司 2008 年 12 月份的全部经济业务，通过这套模拟实验操作，让学生能够较系统地在所学会计学原理理论知识基础之上，熟练地掌握小型制造企业会计核算的基本方法，从而使学生对小型制造企业会计核算全过程有一个系统、完整的认识，并能达到将所学会计理论与会计操作技能融会贯通的目的。

二、实验要求

1. 仔细阅读会计主体设计的内容，了解企业概况，掌握企业会计制度。

2. 仔细阅读实验操作程序设计，严格按照操作流程对武汉市新进工贸有限公司 2008 年 12 月份发生的经济业务进行相应的账务处理。

三、实验操作设计

（一）会计主体设计

1. 企业概况。

名称：武汉市新进工贸有限公司。

性质：有限责任公司。

地址：中华路 819 号。

电话：87369824。

开户行：工商银行中华路分理处。

账号：121081932928。

税务登记号：420716649765294。

法人代表：杨明。

2. 武汉市新进工贸有限公司主要生产A、B两种产品，生产所耗用材料为甲、乙两种材料。该企业注册资金为400万元，拥有资产总额900多万元，全厂职工335人。

3. 武汉市新进工贸有限公司设有公司办公室、业务科、财务科、基本生产车间等。财务科有4人，财务科长李明全面负责财务科工作，审核业务及会计报表；出纳员吴兰负责货币资金的收付，有关凭证的填制及现金日记账和银行存款日记账的登记；主管会计许鹏举负责材料采购、入库、领用等业务凭证的填制，各种成本、费用的归集、分配及成本计算等经济业务的账务处理；记账员陈艳负责销售业务的日常管理核算以及相关凭证的填制，利润计算及分配，定期汇总编制科目汇总表并登记总账。

（二）企业会计制度设计

1. 记账方法：借贷复式记账法。

2. 会计科目：使用财政部统一规定的会计科目。

3. 库存现金限额：人民币3 000元。

4. 存货：（包括原材料、周转材料、库存商品）按实际成本核算，出库单价按加权平均单价计算，低值易耗品的摊销采用一次摊销法。

5. 产品成本计算采用品种法。

6. 固定资产折旧采用直线法。

7. 工会经费、职工教育经费分别按应付工资总额2%、1.5%的比例计提。

8. 税费的计算如下。

增值税：本企业为增值税一般纳税人，按基本税率17%计缴。

营业税：按转让无形资产收入的5%计缴。

城市维护建设税：按增值税、营业税之和的7%计缴。

教育费附加：按增值税、营业税之和的3%计缴。

企业所得税：按应纳税所得额的25%计缴。

9. 1～11月份累计净利润为478 500元。

10. 利润分配比例如下。

法定盈余公积：按净利润的10%计提。

应付投资者利润：按净利润的50%计提。

（三）账簿组织设计

1. 记账凭证组织。

该公司采用科目汇总表核算形式，其记账凭证组织设置为通用记账凭证和科目汇总表。记账凭证编号按经济业务发生的顺序统一编号。

2. 账簿组织。

分别开设总分类账、日记账、明细分类账。总账、日记账采用订本式账簿三栏式账页；往来账采用活页式明细账簿三栏式账页；“存货”类采用数量金额式明细账；“生产成本”、“制造费用”、“管理费用”、“销售费用”、“财务费用”等采用多栏式明细账。

（四）操作程序设计

1. 将武汉市新进工贸有限公司 2008 年 11 月份有关账户的期末余额，填入相关总账及明细账的期初余额，并进行账账核对，确保无误。

2. 根据审核无误的原始凭证及原始凭证汇总表，填制记账凭证。

3. 根据审核无误的记账凭证或原始凭证，逐笔登记“现金日记账”、“银行存款日记账”和其他相关明细账。

4. 根据记账凭证按月进行汇总，编制会计科目汇总表，并据以登记总分类账。

5. 采用品种法计算完工产品成本。

6. 采用账结法核算 12 月份利润总额，年终对全年净利润进行分配，并结清除“利润分配——未分配利润”以外的所有“利润分配”明细账。

7. 对账和结账。

8. 根据总账、明细账及其他有关资料，编制“资产负债表”和“利润表”。

四、实验时间安排

实验时间安排如表 3-1 所示。

表 3-1　　实验时间安排表

实训内容	课时安排
实验动员，学习会计基础工作规范和讨论实验设计要求及数	2
字、文字、相关票证规范的书写训练	2

续表

实 训 内 容	课 时 安 排
出纳知识学习、点钞技能训练（可参照第一章第三节选择1～2种点钞方法）	4
根据《会计学原理实验教程》按要求开设总分类账，并登记期初余额；根据《会计学基础实验教程》按要求开设明细分类账，并登记期初余额，核对总账期初余额，再进行总账期初余额与明细账期初余额的核对	2 2 1
审核《会计学原理实验教程》的第1～15项经济业务的原始凭证；根据审核无误的原始凭证，填制记账凭证，并逐笔登记现金、银行存款日记账和其他相关明细账	3 3
审核《会计学原理实验教程》的第16～25项经济业务的原始凭证；根据审核无误的原始凭证，填制记账凭证，并逐笔登记现金、银行存款日记账和其他相关明细账	2 2
审核《会计学原理实验教程》的第26～33项经济业务的原始凭证；根据审核无误的原始凭证，填制记账凭证，并逐笔登记现金、银行存款日记账和其他相关明细账	2 2
审核《会计学原理实验教程》的第34～41项经济业务的原始凭证；根据审核无误的原始凭证，填制记账凭证，并逐笔登记现金、银行存款日记账和其他相关明细账	2 2
审核《会计学原理实验教程》的第42～48项经济业务的原始凭证；根据审核无误的原始凭证，填制记账凭证，并逐笔登记现金、银行存款日记账和其他相关明细账	2 2
根据审核无误的记账凭证按月汇总，编制会计科目汇总表；根据科目汇总表登记总分类账核对总账发生额，再进行总账发生额与明细账发生额核对	2 1 1
核对总账期末余额，再进行总账期末余额与明细账期末余额核对结账；编制试算平衡表；编制资产负债表、利润表	1 2 2
装订凭证、整理账簿，个人小结、班组评议，指导老师讲评	4

第四章　实验资料

第一节　模拟实验基础资料

1．武汉市新进工贸有限公司 2008 年 11 月 30 日有关账户总账和明细账资料如表 4-1 所示。

表 4-1　　总账和明细账　　单位：元

总账科目	明细科目	借方		贷方	
		总账金额	明细金额	总账金额	明细金额
库存现金		3 000	3 000		
银行存款	工行中华路分理处	1 509 389	1 509 389		
预付账款		8 551			
	房租费		6 700		
	财产保险费		1 851		
应收票据	海天贸易公司	15 000	15 000		
应收账款	天立公司	50 000	50 000		
坏账准备				1 200	1 200
周转材料		70 887			
	低值易耗品		46 887		
	包装物		24 000		
原材料		108 000			
	甲材料		78 000		
	乙材料		30 000		
生产成本		66 280			
	A 产品		42 228		
	B 产品		24 052		

续表

总账科目	明细科目	借　方		贷　方	
		总账金额	明细金额	总账金额	明细金额
库存商品		251 500			
	A产品		124 000		
	B产品		127 500		
固定资产		7 120 000			
	生产用		5 980 000		
	非生产用		290 000		
	不需用		850 000		
累计折旧				854 120	854 120
无形资产		174 560			
	专利权		124 300		
	非专利权		50 260		
待处理财产损溢	待处理固定资产损溢	4 600	4 600		
短期借款	市工商银行			800 000	800 000
应付票据	江城公司			200 000	200 000
其他应付款	大发公司			1 800	1 800
应付账款				300 000	
	光明贸易公司				255 000
	大兴公司				45 000
应交税费				12 184	
	应交城建税				1 105.24
	应交增值税				11 078.76
应付职工薪酬				87 200	
	工　资				80 000
	职工教育经费				7 200
实收资本				4 000 000	
	法人投资				1 720 000
	国家投资				2 280 000

续表

总账科目	明细科目	借　方		贷　方	
		总账金额	明细金额	总账金额	明细金额
资本公积				450 000	450 000
盈余公积	法定盈余公积			2 196 763	2 196 763
本年利润				478 500	478 500
合　　计		9 381 767	9 381 767	9 381 767	9 381 767

2. 有关账户明细资料。

(1) 原材料账户明细账（见表 4-2）。

表 4-2　　原材料账户明细账

原材料名称	计量单位	数　量	单价（元）	金额（元）
甲材料	千克	3 000	26.00	78 000.00
乙材料	千克	2 000	15.00	30 000.00
合　计				108 000.00

(2) 生产成本明细账（见表 4-3）。

表 4-3　　生产成本明细账

产品名称	成　本　项　目			
	直接材料（元）	直接人工（元）	制造费用（元）	合计（元）
A 产品	37 000	3 420	1 808	42 228
B 产品	20 000	2 960	1 092	24 052
合　计	57 000	6 380	2 900	66 280

(3) 库存商品明细账（见表 4-4）。

表 4-4　　库存商品明细账

产品名称	计量单位	数　量	单价（元）	金额（元）
A 产品	件	200	620.00	124 000.00
B 产品	件	500	255.00	127 500.00
合　计				251 500.00

第二节　模拟实验业务资料

武汉市新进工贸有限公司 2008 年 12 月发生以下经济业务。

1. 12 月 1 日采用电汇结算方式预付黄石市江城贸易公司货款 50 000 元（见表 4-5）。

表 4-5

中国工商银行**电汇凭证**（回单）

委托日期　2008 年 12 月 1 日　　　　第　号

汇款人	全　称	武汉市新进工贸有限公司			收款人	全　称	黄石市江城贸易公司		
	账号或住址	121081932928				账号或住址	210716643765294		
	汇出地点	武汉市	汇出行名称	工商银行中华路分理处		汇入地点	黄石市	汇入行名称	工行黄石市支行

金额	人民币（大写）伍万元整	千	百	十	万	千	百	十	元	角	分
				¥	5	0	0	0	0	0	0

汇款用途：预付货款	汇出盖章
上列款项已根据委托办理，如需要查询，请持此回单来行面洽	中国工商银行武汉市中华路分理处
单位主管：　　会计：　　复核：　　记账：	2008 年 12 月 1 日

2. 12 月 1 日业务科领备用金 4 000 元（见表 4-6、表 4-7）。

表 4-6

中国工商银行　现金支票存根

支票号码：88866546

科　　目：

对方科目：

出票日期：2008 年 12 月 1 日

收款人：新进工贸有限公司

金额：4 000.00 元

用途：备用金

备注：

单位主管：　　　　会计：

表 4-7

领 款 单

2008 年 12 月 1 日　　No. 1428791

今收到 财务科	
人民币（大写）肆仟元整	小写：¥4 000.00
系 付 备用金	

中国工商银行武汉市中华路分理处 2008.12.1

单位盖章：业务科　　会计：许鹏举　　出纳：吴兰　　经手人：王风

3. 12 月 3 日购入甲材料 5 000 千克，单价 24.50 元，供货方代垫该批材料运费 3 000 元，上述材料已验收入库，货款、运费以银行存款支付（见表 4-8～表 4-11）。

表 4-8

增值税专用发票

发票联　　№

开票日期：2008 年 12 月 3 日

购货单位	名称：武汉市新进工贸有限公司				密码区	（略）	
	纳税人识别号：420716649765294						
	地址、电话：中华路 819 号 87369824						
	开户行及账号：工商银行中华路分理处 121081932928						
商品及劳务名称	规格型号	计量单位	数量	单价（元）	金额（元）	税率（%）	税额（元）
甲材料		千克	5 000	24.50	122 500.00	17	20 825.00
合计					122 500.00		20 825.00
价税合计（大写）	壹拾肆万叁仟叁佰贰拾伍元零角零分				（小写）¥143 325.00		
销货单位	名称：黄石市江城贸易公司				备注	黄石市江城贸易公司 税号：210102243765613 发票专用章	
	纳税人识别号：210102243765613						
	地址、电话：黄石市黄石路 263 号 88156666						
	开户行及账号：工商银行黄石市支行 210716643765294						

第二联 发票联 购货方记账联

收款人：古月　　复核人：江心　　开票人：高昂　　开票单位（盖章）：

表 4-9

汽车运费结算单

2008 年 12 月 3 日　　　　第 4458 号

发货单位	黄石市江城贸易公司		
收货单位	武汉市新进工贸有限公司		
承运单位：华安汽车运输队	车号：4158 号	吨位：10 吨	里程：120 公里
货物件数：	运费：¥3 000.00	代新进工贸有限公司垫付	

交委托单位

经办人：游礼

收款专用章

表 4-10

武汉市新进工贸有限公司材料验收单

№ 75482

类别：材料类　　验收日期：2008 年 12 月 3 日　　材料库：一号仓库

发货票号	名称	规格	单位	购进			验收		
				数量	单价（元）	金额（元）	数量	单价（元）	金额（元）
	甲材料		千克	5 000	24.50	122 500	5 000	24.50	122 500
	运杂费					3 000			
供货单位		黄石市江城贸易公司		合计	¥125 500.00				
制单		肖晓	验收	江一凡	验收日期	2008 年 12 月 3 日			

表 4-11

中国工商银行　转账支票存根

支票号码：0422681

科　　目：

对方科目：

出票日期：2008 年 12 月 3 日

收款人：黄石市江城贸易公司

金额：146 325.00 元

用途：购材料款

备注：

单位主管：　　　　会计：

4. 12 月 3 日以现金 200 元购买办公用品一批（见表 4-12、表 4-13）。

表 4-12

武汉市商业零售企业统一发票

购货单位：武汉市新进工贸有限公司　　　　第二联：发票联　　　　2008 年 12 月 3 日

货号	名称	规格	等级	单位	数量	单价（元）	金额（元）								
							百	十	万	千	百	十	元	角	分
0	复印纸			箱	2	100.00					2	0	0	0	0
合计金额（大写）现金收讫×仟贰佰元零角零分							百	十	万	¥	2	0	0	0	0

此联为报销凭证

武汉市文具用品商店 2008.12.3

单位盖章：　　　　收款人：王风　　　　制票人：洪英

表 4-13

现金支出凭证

出纳编号

贷方科目：库存现金　　　　2008 年 12 月 3 日　　　　制单编号

摘　要	借方科目		金　额（元）
	总账科目	明细科目	
购办公用品	管理费用	办公费	200.00
合　计			¥200.00
人民币（大写）	贰佰元整		

复核：李明　　　　会计主管：许鹏举　　　　出纳：吴兰　　　　领款人签章：肖晓

5. 12 月 5 日向武汉市中南贸易公司投资闲置设备一台，该设备原值 200 000元，已提折旧 40 000 元，评估价值为 160 000 元（见表 4-14、表 4-15）。

表 4-14

固定资产调拨单

2008 年 12 月 5 日

第 号

投资单位名称		武汉市新进工贸有限公司			接受投资单位		武汉市中南贸易公司	
固定资产名称	规格型号	单位	数量	预计使用年限	已使用年限	原始价值（元）	已提折旧（元）	备注
设备		台	1	10	2	200 000	40 000	不需用设备
技术鉴定		设备完好		评估价值		¥160 000.00		

单位签章：　武汉市新进工贸有限公司　　接受投资单位签章：　武汉市中南贸易公司

表 4-15

投 资 协 议 书

甲方：武汉市新进工贸有限公司

乙方：武汉市中南贸易公司

经甲乙双方协商，武汉市新进工贸有限公司将不需用机器一台原值贰拾万元（已提折旧肆万元）向武汉市中南贸易公司投资，期限为 10 年，每年按投资比例分配税后利润。

特签订此协议

甲方投资单位：武汉市新进工贸有限公司

乙方接受投资单位：武汉市中南贸易公司

2008 年 12 月 5 日

6. 12 月 6 日以银行存款上缴上月增值税、城市维护建设税（见表 4-16、表 4-17）。

表 4-16

隶属关系

中华人民共和国 税收通用缴款书

国

注册类型：其他有限责任公司　填发日期：2008 年 12 月 6 日　征收单位：武汉市国税局中华分局

缴款单位（人）	代码	420106714659582	预算科目	编码	010120
	全称	武汉市新进工贸有限公司		名称	增值税税款收入
	开户行	工商银行中华路分理处		级次	中央 75%　县区 25%
	账号	121081932928	收款国库		中华路支库
税款所属时期：2008 年 11 月 1 日至 2008 年 11 月 31 日			税款限额日期：2008 年 12 月 15 日		

品目名称	课税数量	计税金额或销售收入（元）	税率或单位税额	已缴或扣除额（元）	实缴金额（元）
增值税收入					11 078.76
金额合计	（大写）壹万壹仟零柒拾捌元柒角陆分				¥11 078.76

缴款单位（人）（盖章）经办人：	税务机关（武汉市国家税务局中华分局（盖章）1－1号 征税专用章）填票人：李强	上列款项已收妥并划转收款单位账户（中国工商银行武汉市中华路分理处 2008.12.6 业务章）国库银行盖章　年　月　日 05568179813647	备注：8866546（印）420102690329121

无银行收讫章无效

第一联（收据）国库（经收处）收款盖章后退回缴款单位（人）作完税凭证

逾期不缴按税法规定加收滞纳金

表 4-17

隶属关系

中华人民共和国
税收通用缴款书

地

注册类型：其他有限责任公司　填发日期：2008 年 12 月 6 日　征收单位：武汉市地税局中华分局

缴款单位（人）	代码	420106759859361	预算科目	编码	012632
	全称	武汉市新进工贸有限公司		名称	城市维护建设税收入
	开户行	工商银行中华路分理处		级次	
	账号	121081932928	收款国库		中华路支库

税款所属时期：2008 年 11 月 1 日至 2008 年 11 月 31 日	税款限额日期：2008 年 12 月 15 日

品目名称	课税数量	计税金额或销售收入（元）	税率或单位税额	已缴或扣除额（元）	实缴金额（元）
城市维护建设税收入					1 105.24
金额合计	（大写）壹仟壹佰零伍元贰角肆分				￥1 105.24

缴款单位（人）	税务机关	上列款项已收妥并划转收款单位账户	
（盖章） 经办人：	武汉市地方税务局中华分局 （盖章） 1－1号 征税专用章 填票人：钟瑞	中国工商银行武汉市 中华路分理处 2008.12.6 业务章 国库银行盖章　年　月　日 06647479813621	备注： 6621546（印） 420102710621978

无银行收讫章无效

第一联（收据）国库（经收处）收款盖章后退回缴款单位（人）作完税凭证

逾期不缴按税法规定加收滞纳金

7. 12 月 6 日向武汉市长征工贸公司购入乙材料 6 000 千克，单价 15.40 元，该批材料运费 3 000 元，上述材料已验收入库，货款未付（见表 4-18～表 4-20）。

表 4-18

增值税专用发票

发票联

No

开票日期：2008 年 12 月 6 日

<table>
<tr><td rowspan="4">购货单位</td><td colspan="4">名称：武汉市新进工贸有限公司</td><td rowspan="4">密码区</td><td colspan="3" rowspan="4">（略）</td></tr>
<tr><td colspan="4">纳税人识别号：420716649765294</td></tr>
<tr><td colspan="4">地址、电话：中华路 819 号 87369824</td></tr>
<tr><td colspan="4">开户行及账号：工商银行中华路分理处 121081932928</td></tr>
<tr><td colspan="2">商品及劳务名称</td><td>规格型号</td><td>计量单位</td><td>数量</td><td>单价（元）</td><td>金额（元）</td><td>税率（%）</td><td>税额（元）</td></tr>
<tr><td colspan="2">乙材料</td><td></td><td>千克</td><td>6 000</td><td>15.40</td><td>92 400.00</td><td>17</td><td>15 708.00</td></tr>
<tr><td colspan="2">合计</td><td></td><td></td><td></td><td></td><td>￥92 400.00</td><td></td><td>￥15 708.00</td></tr>
<tr><td colspan="2">价税合计（大写）</td><td colspan="7">壹拾万捌仟壹佰零捌元零角零分　　（小写）￥108 108.00</td></tr>
<tr><td rowspan="4">销货单位</td><td colspan="4">名称：武汉市长征工贸公司</td><td rowspan="4">备注</td><td colspan="3" rowspan="4">武汉市长征工贸公司
税号:224983245459894
发票专用章</td></tr>
<tr><td colspan="4">纳税人识别号：224983245459894</td></tr>
<tr><td colspan="4">地址、电话：武汉市朝阳路 88 号 61886888</td></tr>
<tr><td colspan="4">开户行及账号：工商银行朝阳支行 922091541688</td></tr>
</table>

第二联　发票联　购货方记账联

收款人：张飞　　复核人：李娜娜　　开票人：王一凡　　开票单位（盖章）：

表 4-19

运 费 结 算 单

2008 年 12 月 6 日

承运单位：武汉市长征工贸公司车队

托运单位：武汉市新进工贸有限公司	
运费金额：（大写）叁仟元整	￥3 000.00
货物：乙材料 6 000 千克	
验收：按单验收无误	验收人：冯平
财会：核　销　　运费列入乙材料成本	武汉市长征工贸公司车队 业务专用章

表 4-20

材料入库通知单

武汉市新进工贸有限公司　　2008 年 12 月 6 日　　№ 75483

材料名称	材质	规格	单位	数量		单价（元）	金额（元）	运杂费（元）	金额合计（元）	发货单位	
				凭证	实收						
乙材料		5mm	千克	1	6 000	15.40	92 400	3 000	95 400		
										合同号	
合计							92 400	3 000	95 400		

第二联 记账联

会计主管：许鹏举　　业务科长：郭子峰　　仓库验收：钟诚　　采购员：张晓宁

8. 12 月 6 日签发现金支票，从银行提取现金 500 元，备用（见表 4-21）。

表 4-21

中国工商银行　现金支票存根

支票号码：88866547

科　　目：

对方科目：

出票日期：2008 年 12 月 6 日

收款人：新进工贸有限公司

金额：500.00 元

用途：备用

备注：

单位主管：　　　　会计：

9. 向海城公司购进原材料，采用托收承付结算方式。购入甲材料 1 000 千克，单价 25.00 元，乙材料 2 000 千克，单价 15.00 元，两种材料共发生运费 2 000 元，增值税款 9 350 元，总计金额66 350元，12 月 6 日收到托收承付结算凭证，款已付，材料尚未办理入库手续（见表 4-22～表 4-25）。

第　号

托收号码：

表 4-22　电

托收承付凭证（承付支款通知）

承付期限

委托日期：2008 年 12 月 4 日　　到期：2008 年 12 月 6 日

<table>
<tr><td rowspan="3">付款人</td><td>全　称</td><td>武汉市新进工贸有限公司</td><td rowspan="3">收款人</td><td colspan="3">全　称</td><td colspan="7">海城公司</td></tr>
<tr><td>账号或地址</td><td>121081932928</td><td colspan="3">账　号</td><td colspan="7">114064961223</td></tr>
<tr><td>开户银行</td><td>工商银行中华路分理处</td><td colspan="3">开户银行</td><td colspan="4">工商银行海城路支行</td><td colspan="2">行号</td><td></td></tr>
<tr><td rowspan="2">托收金额</td><td colspan="3" rowspan="2">人民币（大写）　陆万陆仟叁佰伍拾元整</td><td>千</td><td>百</td><td>十</td><td>万</td><td>千</td><td>百</td><td>十</td><td>元</td><td>角</td><td>分</td></tr>
<tr><td></td><td></td><td>¥</td><td>6</td><td>6</td><td>3</td><td>5</td><td>0</td><td>0</td><td>0</td></tr>
<tr><td colspan="4">附件　商品发运情况</td><td colspan="10">合同名称号</td></tr>
<tr><td colspan="2">附寄单证张数或册数</td><td colspan="2">2　发运</td><td colspan="10"></td></tr>
<tr><td colspan="2">备注
电划</td><td colspan="12">付款人注意：
1. 根据支付结算办法规定，上列托收款项，如超过承付期限并未拒付时，即视同全部承付，如系全部支付即以此联代付款通知；如遇延付或部分支付时，再由银行另送延付或部分交付的支款通知。
2. 需提前承付或多承付时，应另写书面通知送银行办理。
3. 如系全部或部分拒付，应在承付期内，另外将拒绝承付理由书送银行办理。
中国工商银行武汉市 中华路分理处 2008.12.4 业务章</td></tr>
</table>

主管单位：　　会计：　　复核：　　记账：　　付款单位开户银行：

表 4-23

汽车货物运费结算单

2008 年 12 月 6 日　　第 008 号

<table>
<tr><td colspan="2">发货单位：海城公司</td><td colspan="2" rowspan="2">说明：垫付武汉市新进工贸有限公司运费</td></tr>
<tr><td colspan="2">收货单位：武汉市新进工贸有限公司</td></tr>
<tr><td colspan="2">承运单位：四通汽车运输队</td><td colspan="2">里程：300 公里</td></tr>
<tr><td colspan="2">货物件数：甲材料　1 000 千克
乙材料　2 000 千克</td><td>运费：¥2 000.00</td><td>人民币大写：贰仟元整</td></tr>
</table>

交收货单位

（公章）　　（有关人员签章）

表 4-24

增值税专用发票

发票联

No

开票日期：2008 年 12 月 6 日

购货单位	名称：武汉市新进工贸有限公司 纳税人识别号：420716649765294 地址、电话：中华路 819 号 87369824 开户行及账号：工商银行中华路分理处 121081932928				密码区	（略）	
商品及劳务名称	规格型号	计量单位	数量	单价（元）	金额（元）	税率（%）	税额（元）
甲材料		千克	1 000	25.00	25 000.00	17	4 250.00
乙材料		千克	2 000	15.00	30 000.00	17	5 100.00
合计					￥55 000.00		￥9 350.00
价税合计（大写）	陆万肆仟叁佰伍拾元零角零分				（小写）￥64 350.00		
销货单位	名称：海城公司 纳税人识别号：2251849281049 地址、电话：武汉市海城路 362 号 61186188 开户行及账号：工商银行海城路支行 114064961223				备注	海城公司 税号:2251849281049 发票专用章	

第二联　发票联　购货方记账联

收款人：夏天　　复核人：姚洁　　开票人：林聪　　开票单位（盖章）：

表 4-25

材料采购运费分配表

2008 年 12 月 6 日

供货单位	海　城　公　司			
材料名称	分配标准（买价）	分配率	分配金额（元）	备　注
甲材料	25 000.00		910.00	
乙材料	30 000.00		1 090.00	
合　计	55 000.00	0.0364	2 000.00	

复核：李明　　会计主管：许鹏举　　制表：陈艳

10．12 月 7 日开出现金支票，从银行提取现金 76 553 元，发放本月职工工资（见表 4-26、表 4-27）。

表 4-26

工资结算汇总表

2008 年 12 月 7 日　　　　单位：元

车间、部门类型		职工人数	标准工资	应扣工资		工资性津贴		应付工资	代扣款项				实发金额
				缺勤事假	病假	小计	各项福利性津贴		水电费	家庭医药费	保险费	合计	
基本生产车间	管理人员	9	4 500	300	1 200	2 000	2 000	5000	55	142	150	347	4 653
	生产工人	291	55 000	1 656. 4	2 808. 8	7465	7 465. 2	58 000	352. 44	723	924. 56	2 000	56 000
	小计	300	59 500	1 956. 4	4 008. 8	9465	9 465. 2	63 000	407. 44	865	1 074. 56	2 347	60 653
企业管理部门		15	6 050	100	350	1 400	1400	7000	150	100	200	450	6 550
业务部门		20	8500	200	500	2200	2 200	10 000	200	150	300	650	9 350
总　计		335	74 050	2 256. 4	4 858. 8	13 065	13 065. 2	80 000	757. 44	1 115	1 574. 56	3 447	76 553

表 4-27

中国工商银行　现金支票存根

支票号码 88866548

科　　目

对方科目

出票日期　2008 年 12 月 7 日

收款人：新进工贸有限公司

金额：76 553.00 元

用途：发放工资

备注：

单位主管：　　　　会计：

11．12 月 8 日以转账支票支付印花税票款 580 元（见表 4-28、表 4-29）。

表 4-28

武汉市地方税务局印花税票报销专用凭证

№ 703550

购票单位：武汉市新进工贸有限公司　地址：中华路 819 号　2008 年 12 月 8 日

印花税票面值	单位	数量	金额								备注
			十	万	千	百	十	元	角	分	
壹角	枚										
贰角	枚										
伍角	枚										
壹元	枚										
贰元	枚	20					4	0	0	0	
伍元	枚	10					5	0	0	0	
壹拾元	枚	4					4	0	0	0	
伍拾元	枚	5				2	5	0	0	0	
壹佰元	枚	2				2	0	0	0	0	
合计人民币（大写）伍佰捌拾元整					¥	5	8	0	0	0	

第一联　收据联

经办单位　武汉市地方税务局中华路分局印花税收讫章　　　　经办人　江三

表 4-29

中国工商银行　转账支票存根

支票号码：0422683

科　　目：

对方科目：

出票日期：2008 年 12 月 8 日

收款人：市地税局中华路分局

金额：580.00 元

用途：交印花税

备注：

单位主管：　　　　会计：

12. 12 月 11 日一车间技术员王成出差，预借差旅费 3 000 元，以现金支票付讫（见表 4-30、表 4-31）。

表 4-30

借款单

2008 年 12 月 11 日

单位：一车间

借款人姓名	王　　成		
借款事由	出差预借差旅费		
人民币（大写）	叁仟元整　　¥3 000.00		
领导意见	同意借款	备注	

复核：李明　　会计主管：许鹏举　　出纳：吴兰　　借支人：王成

表 4-31

中国工商银行　现金支票存根

支票号码：88866549

科　　目：

对方科目：

出票日期：2008 年 12 月 11 日

收款人：王成

金额：3 000.00 元

用途：借差旅费

备注：

单位主管：　　会计：

13. 12 月 12 日开出转账支票一张，支付明年上半年财产保险费 4 800 元（见表 4-32、表 4-33）。

表 4-32

中国工商银行　转账支票存根

支票号码：0422684

科　　目：

对方科目：

出票日期：2008 年 12 月 12 日

收款人：中城保险公司

金额：4 800.00 元

用途：付财产保险费

备注：

单位主管：　　会计：

表 4-33

ORIGINAL　　**中国中城保险股份有限公司**　　№ 00322591

ZHONGCHENG INSURANCE COMPANY LIMITED OF CHINA

保单收据　PREMIUM RECEIPT

2008 年 12 月 12 日

兹收到

Received from　武汉市新进工贸有限公司

保费金额（大写）

The sum of　肆仟捌佰元整

系付保险单第　　　　号批单第号之保费

Being premium in the policy №　MV003461　　End. №

最后付款日期

Last date of payment ________

业务员：杨洋　　复核：马红　　制单：张武

（无现金收讫章或银行付款凭据无效）

中国中城保险股份有限公司
保费专用章
收款人签章处

14.12 月 14 日职工常畅报销子女托幼费 200 元（见表 4-34、表 4-35）。

表 4-34　**武汉市慈星托儿所托费专用收据**　№ 128758

姓名：常河　　班级：托幼　　2008 年 12 月 14 日

收费项目	金额					武汉市收费许可证字号	所属月份 10～12 月
	百	十	元	角	分		
托幼费	4	0	0	0	0	№ 037180	备注：凭此收据报销托幼费　　元
搭伙费							

附：代办费

项目	金额				本月实际天数	项　目	金额				上月应返天数 2
	十	元	角	分			十	元	角	分	
膳费						返膳费					
点心费						返点心费					
其他											
实收人民币（大写）	肆佰元整　¥400.00					审核：实报200.00 12月14日					

收款单位（公章）：武汉市慈星托儿所 财务专用章　经手人：蔡红　　　返款领取人：常畅

表 4-35

现金支出凭证

出纳编号＿＿＿＿

贷方科目：现金　　　　　　　　　　　　　　　　制单编号＿＿＿＿

摘　　要	借方科目		金　　额
	总账科目	明细科目	
常畅子女托幼费	应付职工薪酬	职工福利	¥200.00
合计金额			¥200.00

复核：李明　　会计主管：许鹏举　　出纳：吴兰　　领款人签章：常畅

15. 12 月 15 日向武汉市中兴贸易公司购入甲材料 7 000 千克，单价 24.80 元，乙材料 12 000 千克，单价 15.20 元，两种材料共负担运费 5 700 元，开出票据期限为 3 个月的银行承兑汇票一张，材料已验收入库（见表 4-36～表 4-41）。

表 4-36

银行承兑汇票　3

汇票号码　121

签发日期：2008 年 12 月 15 日　　　　第 38065 号

<table>
<tr><td>出票人全称</td><td>武汉市新进工贸有限公司</td><td rowspan="3">收款人</td><td>全　　称</td><td colspan="2">武汉市中兴贸易公司</td></tr>
<tr><td>出票人账号</td><td>121081932928</td><td>账　　号</td><td colspan="2">625143</td></tr>
<tr><td>付款行全称</td><td>工商银行中华路分理处</td><td>开户银行</td><td colspan="2">工商银行朝阳支行</td></tr>
<tr><td>汇票金额</td><td colspan="3">人民币（大写）肆拾贰万贰仟贰佰贰拾元整</td><td colspan="2">¥422 220.00</td></tr>
<tr><td>汇票到期日</td><td colspan="5">2009 年 3 月 15 日</td></tr>
<tr><td colspan="2" rowspan="2">中国工商银行武汉市 中华路分理处 2008.12.15 业务章
承兑人开户银行盖章：
复核：　　会计：</td><td colspan="2">承兑协议编号</td><td>3258</td><td>交易合同编号　</td></tr>
<tr><td colspan="3">武汉市新进工贸有限公司
汇票签发人（盖章）：
负责：文兵　　经办：刘易</td><td></td></tr>
</table>

表 4-37

增值税专用发票

发票联　　　　　　　　　　　　　　№

开票日期：2008 年 12 月 15 日

购货单位	名称：武汉市新进工贸有限公司	密码区	（略）
	纳税人识别号：420716649765294		
	地址、电话：中华路 819 号 87369824		
	开户行及账号：工商银行中华路分理处 121081932928		

商品及劳务名称	规格型号	计量单位	数量	单价（元）	金额（元）	税率（%）	税额（元）
甲材料		千克	7 000	24.80	173 600.00	17	29 512.00
乙材料		千克	12 000	15.20	182 400.00	17	31 008.00
合计					￥356 000.00		￥60 520.00
价税合计（大写）	肆拾壹万陆仟伍佰贰拾元零角零分				（小写）￥416 520.00		

销货单位	名称：武汉市中兴贸易公司	备注	
	纳税人识别号：215642243765369		
	地址、电话：武汉市光下路 866 号 66456660		
	开户行及账号：工商银行朝阳支行 625143		

收款人：张飞　　复核人：管童　　开票人：靳小丹　　开票单位（盖章）：

表 4-38

材料入库通知单

武汉市新进工贸有限公司　　　　2008 年 12 月 15 日　　　　№ 75484

材料名称	材质	规格	单位	数量		单价（元）	金额（元）	运杂费（元）	金额合计（元）	发货单位	
				凭证	实收						
乙材料		5mm	千克	1	12 000	15.20	182 400	3 600	186 000		
甲材料		10mm	千克	1	7 000	24.80	173 600	2 100	175 700	合同号	
合计							356 000	5 700	361 700		

第二联　记账联

会计主管：许鹏举　　业务科长：郭子峰　　仓库验收：钟诚　　采购员：张晓宁

表 4-39

汽车货物运费结算单

2008 年 12 月 15 日　　　　第 009 号

发货单位：武汉市中兴贸易公司	说明：垫付武汉市新进工贸有限公司运费	
收货单位：武汉市新进工贸有限公司	由收货单位负担	
承运单位：武汉市第一汽车运输公司	里程：800 公里	
货物件数：甲材料 7 000 千克 乙材料 12 000 千克	运费：¥5 700.00	人民币大写：伍仟柒佰元整

（公章）　　　　（有关人员签章）

交收货单位

（印章：武汉市第一汽车运输公司 财务专用章）

表 4-40

收 款 收 据

2008 年 12 月 15 日　　　　№ 0056831

交款单位或交款人	武汉市中兴贸易公司	交款金额
交款项目或交款内容	运杂费用	¥5 700.00
合计人民币（大写）：伍仟柒佰元整		¥5 700.00

第二联 收据联

（印章：武汉市第一汽车运输公司 收款专用章）

表 4-41

材料采购运费分配表

2008 年 12 月 15 日

供货单位	武汉市中兴贸易公司			
材料名称	分配标准（千克）	分配率	分配金额（元）	备注
甲材料	7 000.00	0.3	2 100.00	
乙材料	12 000.00	0.3	3 600.00	
合　计	19 000.00		5 700.00	

复核：李明　　　　会计主管：许鹏举　　　　制表：陈艳

16. 12 月 17 日职工王进违章交罚款 200 元（见表 4-42）。

表 4-42

收　　据

2008 年 12 月 17 日　　　　№

今收到	王进
人民币（大写）：	贰佰元整　　¥200.00
收款事由：	违章罚款
收款单位：	（印章：武汉市新进工贸有限公司 财务专用章）

第三联　记账联

17. 12 月 17 日售多余乙材料 500 千克，单价 18.00 元，价税合计 10 530 元，收到转账支票一张，当即进账（见表 4-43、表 4-44）。

表 4-43

中国工商银行进账单（收款通知）3

2008 年 12 月 17 日

收款人	全称	武汉市新进工贸有限公司	付款人	全称				武汉市晴川机电公司						
	账号	121081932928		账号				3468711965658						
	开户银行	工商银行中华路分理处		开户银行				工商银行新街办事处						
金额	人民币（大写）	壹万零伍佰叁拾元零角零分		千	百	十	万	千	百	十	元	角	分	
						¥	1	0	5	3	0	0	0	
票据种类	转账支票			收款人开户银行盖章（印章：中国工商银行武汉市 中华路分理处 2008.12.4 业务章）										
票据张数	1													
单位主管：	会计：	复核：	记账：											

表 4-44

增值税专用发票

发票联　　　　　　　　　　№

开票日期：2008 年 12 月 17 日

购货单位	名称：武汉市晴川机电公司 纳税人识别号：221447264922513 地址、电话：临江大街 288 号　6556868 开户行及账号：工商银行新街办事处 3468711965658	密码区	（略）

商品及劳务名称	规格型号	计量单位	数量	单价（元）	金额（元）	税率（%）	税额（元）
乙材料		千克	500	18.00	9 000.00	17	1 530.00
合计					¥9 000.00		¥1 530.00
价税合计（大写）	⊗拾壹万零伍佰参拾元零角零分				（小写）¥10 530.00		

销货单位	名称：武汉市新进工贸有限公司 纳税人识别号：420716649765294 地址、电话：中华路 819 号 87369824 开户行及账号：工商银行中华路分理处 121081932928	备注	

收款人：张果果　　复核人：满江　　开票人：王飞　　开票单位（盖章）：

第二联　发票联　购货方记账联

18. 12 月 18 日收到委托收款凭证一张，是付本月电话费 250.82 元（见表 4-45、表 4-46）。

表 4-45

委邮

委托收款凭证（付款通知）5　托收号码：49473

委托日期 2008 年 12 月 18 日

付款人	全　称	武汉市新进工贸有限公司	收款人	全　称	武汉市电信局	
	账　号	121081932928		账　号	1582793	
	开户银行	工商银行中华路分理处		开户银行	工商银行西城区办事处	行号 2604

金额	人民币（大写）	千	百	十	万	千	百	十	元	角	分
	贰佰伍拾元捌角贰分					¥	2	5	0	8	2

款项性质	业务收入	合同号码	49635	附寄单证张数	
备注		根据协议上列款项已由付款单位账户付出。 收款人开户行盖章 （中国工商银行武汉市 中华路分理处 2008.12.18 业务章）			

此联是收款人开户银行给收款人付款的通知

单位主管：　　会计：刘丽　　复核：马亮　　记账：

表 4-46

武汉市电信局电话费收据

用户：新进工贸有限公司　　　2008 年 12 月 18 日

项　目	月　份	金　额（元）	备　注
长途电话费	12	100.80	
市话月租费	12	150.02	
其他			
合　计		250.82	（武汉市电信局 收款专用章）

19. 12 月 18 日开出转账支票一张，以银行存款 1 500 元支付生产车间设备修理费，分 5 个月摊销完毕，本月应摊销 300 元（见表 4-47、表 4-48）。

表 4-47

中国工商银行　转账支票存根
支票号码：0422685
科　　目：
对方科目：
出票日期：2008 年 12 月 18 日
收款人：武汉市鼎立机械公司
金额：1 500.00 元
用途：设备维修费
备注：
单位主管：　　　　会计：

表 4-48

收款收据

№ 004146

2008 年 12 月 18 日

今收到　武汉市新进工贸有限公司交来生产车间维修设备款项 人民币（大写）　⊗拾⊗万壹仟伍佰零拾零元零角零分（¥1 500.00） （印章：武汉市鼎立机械公司（单位财务章）收款专用章）	第二联　交缴款人

主管：　　　　会计：江岩　　　　出纳：王翰　　　　经手人（盖章）：

20. 12 月 19 日开出转账支票一张，支付广告费 10 000 元（见表 4-49、表 4-50）。

表 4-49

武汉市电视台收据

2008 年 12 月 19 日

单位：武汉市新进工贸有限公司	
人民币（大写）壹万元整	¥10 000.00
系收：产品广告费	
武汉市电视台（公章）（印章：武汉市电视台 收款专用章）	收款人（盖章）：江河

表 4-50

中国工商银行 转账支票存根	
支票号码：0422686	
科　　目：	
对方科目：	
出票日期：2008 年 12 月 19 日	
收款人：武汉市电视台	
金额：10 000.00 元	
用途：广告费	
备注：	
单位主管：	会计：

21.12 月 19 日开出转账支票一张，支付前欠长征工贸公司乙材料款总计 111 108 元（见表 4-51）。

表 4-51

中国工商银行 转账支票存根	
支票号码：0422687	
科　　目：	
对方科目：	
出票日期：2008 年 12 月 19 日	
收款人：武汉市长征工贸公司	
金额：111 108.00 元	
用途：支付贷款	
备注：	
单位主管：	会计：

22.12 月 19 日向武汉市华联商场销售 B 产品 600 件，单价 400 元，货已发，货款尚未收到（见表 4-52、表 4-53）。

表 4-52

销售合同

武汉市新进工贸有限公司（以下简称甲方）与武汉市华联商场（以下简称乙方）达成购销协议如下。

一、甲方向乙方出售 B 产品 600 件，不含税售价人民币贰拾肆万元整。

二、甲方负责保证产品质量，并实行三包。

三、乙方采取提货方式购货。

四、双方预定价款到期以支票方式结算。

五、乙方于 2008 年 12 月 30 日向甲方支付 100％价款。

六、本合同一式两份，甲乙双方各执一份。

甲方：法人代表及单位盖章　　　　乙方：法人代表及单位盖章

表 4-53

增值税专用发票

发票联　　　　№

开票日期：2008 年 12 月 19 日

购货单位	名称：武汉市华联商场 纳税人识别号：222648885112645 地址、电话：沿江路 15 号　62557598 开户行及账号：工商银行洪山支行 145654988212	密码区：（略）

商品及劳务名称	规格型号	计量单位	数量	单价（元）	金额（元）	税率（%）	税额（元）
B 产品		件	600	400.00	240 000.00	17	40 800.00
合计					￥240 000.00		￥40 800.00
价税合计（大写）	贰拾捌万零捌佰元零角零分				（小写）￥280 800. 00		

销货单位	名称：武汉市新进工贸有限公司 纳税人识别号：420716649765294 地址、电话：中华路 819 号 87369824 开户行及账号：工商银行中华路分理处 121081932928	备注

第二联　发票联　购货方记账联

收款人：张果果　　复核人：满江　　开票人：王飞　　开票单位（盖章）：

23. 12月20日出售设备一台，收到转账支票一张，金额为100 000元，当即进账（见表4-54～表4-56）。

表 4-54

中国工商银行进账单（收款通知）3

2008年12月20日

<table>
<tr><td rowspan="3">收款人</td><td>全称</td><td colspan="4">武汉市新进工贸有限公司</td><td rowspan="3">付款人</td><td>全称</td><td colspan="7">武汉市恒通科贸公司</td></tr>
<tr><td>账号</td><td colspan="4">121081932928</td><td>账号</td><td colspan="7">213412</td></tr>
<tr><td>开户银行</td><td colspan="4">工商银行中华路分理处</td><td>开户银行</td><td colspan="7">工商银行江城区支行</td></tr>
<tr><td rowspan="2">金额</td><td colspan="5" rowspan="2">人民币（大写） 壹拾万元整</td><td>千</td><td>百</td><td>十</td><td>万</td><td>千</td><td>百</td><td>十</td><td>元</td><td>角</td><td>分</td></tr>
<tr><td></td><td>¥</td><td>1</td><td>0</td><td>0</td><td>0</td><td>0</td><td>0</td><td>0</td><td>0</td></tr>
<tr><td colspan="2">票据种类</td><td colspan="4">转账支票</td><td colspan="10" rowspan="3">收款人开户银行盖章
中国工商银行武汉市 中华路分理处 2008.12.20 业务章</td></tr>
<tr><td colspan="2">票据张数</td><td colspan="4">1</td></tr>
<tr><td colspan="6">单位主管： 会计： 复核： 记账：</td></tr>
</table>

表 4-55

新进工贸有限公司销售调拨单

2008年12月20日

名称	单位	数量	原始价值（元）	已提折旧（元）	预计使用时间	已使用时间	协商作价（元）	备注
机器设备	台	1	200 000	120 000	10	6	100 000	不需用

调入单位：武汉市恒通科贸公司　　调出单位：武汉市新进工贸有限公司（武汉市新进工贸有限公司 设备科）

表 4-56

内部转账单

2008年12月20日

摘　要	金　额（元）	备　注
结转出售固定资产损益	100 000－80 000 ＝ 20 000	

复核：李明　　会计主管：许鹏举　　制单：陈艳

24. 12月21日向武汉市兴隆科技发展有限公司转让非专利技术一项，收到一张金额为70 000元的转账支票，当即进账（见表4-57～表4-60）。

表 4-57

中国工商银行进账单（收款通知）3

2008 年 12 月 21 日

收款人			付款人		
收款人	全称	武汉市新进工贸有限公司	付款人	全称	武汉市兴隆科技发展有限公司
收款人	账号	121081932928	付款人	账号	1081
收款人	开户银行	工商银行中华路分理处	付款人	开户银行	工商银行新华办事处

金额	千	百	十	万	千	百	十	元	角	分
人民币（大写）柒万元整			¥	7	0	0	0	0	0	0

票据种类	转账支票	收款人开户银行盖章：（中国工商银行武汉市中华路分理处 2008.12.21 业务章）
票据张数	1	
单位主管：　会计：　复核：　记账：		

表 4-58

收　　据

2008 年 12 月 21 日　　　　No

今收到　武汉市兴隆科技发展有限公司

人民币（大写）：　柒万元整　　¥70 000.00

事由：　出让非专利技术

收款单位：（武汉市新进工贸有限公司 财务专用章）

第三联　记账联

表 4-59

营业税计算单

2008 年 12 月 21 日

项　目	非专利技术转让收入（元）	税率（%）	营业税额（元）

复核：李明　　　　会计主管：许鹏举　　　　制单：陈艳

表 4-60

内部转账单

2008 年 12 月 21 日　　　　第 142 号

摘　要	金　额（元）	备　注
结转非专利技术转让折余价值	50 260.00	

复核：李明　　　　会计主管：许鹏举　　　　制单：陈艳

25. 12 月 22 日计算本月应负担借款利息额（见表 4-61、表 4-62）。

表 4-61

应付利息计算表

2008 年 12 月 22 日

贷款银行	借款种类	月本金（元）	月利率	利息额
市工商银行	流动资金借款	800 000	0.333 3%	

26.12 月 22 日摊销本月财产保险费 800 元。

表 4-62

财产保险费摊销计算表

2008 年 12 月 22 日

缴费月份	缴费金额（元）	分摊月份	分摊金额（元）	备　注
7～12	4 800	7	800	
		8	800	
		9	800	
		10	800	
		11	800	
		12	800	

复核：李明　　　　会计主管：许鹏举　　　　制单：陈艳

注：已摊销 4 000 元。

27.12 月 23 日一车间王成出差回来，报销差旅费。余款 400 元，退回（见表 4-63、表 4-64）。

表 4-63

收　　据

2008 年 12 月 23 日　　　　　　　　No

今收到王成

人民币（大写）：叁仟元整　　　¥3 000.00

事由：交回出差借款

收款单位：武汉市新进工贸有限公司 财务专用章　　现金收讫

第三联　记账联

复核：李明　　会计主管：许鹏举　　出纳：吴兰　　经手人：王成

表 4-64

差旅费报销单

2008 年 12 月 23 日

<table>
<tr><td colspan="2">姓　名</td><td colspan="2">王　成</td><td colspan="2">职　务</td><td colspan="2">业务科长</td><td colspan="2">出差地点</td><td colspan="2">广州市</td></tr>
<tr><td colspan="2">出差事由</td><td colspan="10">采购材料</td></tr>
<tr><td colspan="4">日　期</td><td colspan="2">地　点</td><td colspan="2">车船费</td><td colspan="2">补助费</td><td rowspan="2">住　宿</td><td rowspan="2">金　额</td></tr>
<tr><td colspan="2">起</td><td colspan="2">讫</td><td>起</td><td>讫</td><td>类　别</td><td>金　额</td><td>天</td><td>金　额</td></tr>
<tr><td>12</td><td>12</td><td>12</td><td>13</td><td>武汉</td><td>广州</td><td>火车</td><td>635.00</td><td></td><td></td><td></td><td>635.00</td></tr>
<tr><td>12</td><td>21</td><td>12</td><td>22</td><td>广州</td><td>武汉</td><td>火车</td><td>635.00</td><td>11</td><td>660.00</td><td>670.00</td><td>1 965.00</td></tr>
<tr><td colspan="4">合　计</td><td></td><td></td><td></td><td>1 270.00</td><td></td><td>660.00</td><td>670.00</td><td>2 600.00</td></tr>
<tr><td colspan="12">备注：1. 预借差旅费 3 000 元。
2. 退回余款 400 元。</td></tr>
</table>

复核：李明　　会计主管：许鹏举　　出纳：吴兰　　经手人：王成

28. 12 月 25 日按规定计提本月固定资产折旧 7 200 元（其中：生产车间计提 5 600 元，管理部门计提 1 600 元，见表 4-65）。

表 4-65

固定资产折旧计算表

2008 年 12 月 25 日

部门	固定资产类型	固定资产原值（元）	预计净残值（元）	使用年限	年折旧额（元）	月折旧额（元）
生产车间	房屋	540 000	21 600	40	12 960.00	1 080.00
	机床加工设备	564 000	21 600	10	54 240.00	4 520.00
	合计	1 104 000				5 600.00
管理部门	房屋	500 000	20 000	40	12 000.00	1 000.00
	其他设备	74 000	2 000	10	7 200.00	600.00
	合计	574 000				1 600.00
总　计		1 678 000				7 200.00

复核：李明　　　　会计主管：许鹏举　　　　制单：陈艳

29. 12 月 25 日接受捐赠生产用设备 1 台，价值 11 700 元，运输费 500 元，支付安装费 1 000 元（见表 4-66～表 4-68）。

表 4-66

固定资产交接（验收单）

2008 年 12 月 25 日　　　　No

固定资产编号	名称	型号	计量单位	数量	施工单位	建设单位	附属技术资料	
GDZ0786	注塑机		台	1			武汉大发集团捐赠	
总价	土建工程费用（元）	设备费用（元）	安装费（元）	包装运杂费用（元）	其他	合计（元）	预计使用年限	净残值率
		11 700	1 000	500		13 200	10	2%
验收意见：合格		验收人签章						

保养使用单位签章：

表 4-67

收款收据

2008 年 12 月 25 日

交款单位或交款人	武汉市大发集团	交款金额
交款项目或交款内容	捐赠注塑机一台价值 11 700 元	¥11 700.00
	包装运杂费用 500 元	¥500.00
合计人民币（大写）：壹万贰仟贰佰元整		¥12 200.00

第二联　收款方记账

表 4-68

现金支出凭证

出纳编号

贷方科目：库存现金　　2008 年 12 月 25 日　　制单编号

摘　要	借方科目		金　额
	总账科目	明细科目	
支付设备安装费			1 000.00
合　计			¥1 000.00
人民币（大写）	壹仟元整		

复核：李明　　会计主管：许鹏举　　出纳：吴兰　　领款人签章：王菲

30. 12 月 26 日，根据工资分配表，分配本月工资费用（见表 4-69、表 4-70）。

表 4-69

车间产品耗用工时报告表

2008 年 12 月 26 日

车　间	产　品	生产耗用工时	备　注
基本生产车间	A 产品 B 产品	90 000 55 000	
		145 000	

复核：李明　　会计主管：许鹏举　　制单：陈艳

表 4-70

工资费用分配汇总表

2008 年 12 月 26 日

产品、车间和部门		生产耗用工时	分配率	应分配金额（元）
生产车间	A 产品	90 000	0.4	36 000.00
	B 产品	55 000	0.4	22 000.00
基本生产合计		145 000		58 000.00
车间管理人员				5 000.00
企业管理人员				7 000.00
业务部门人员				10 000.00
合 计				80 000.00

复核：李明　　会计主管：许鹏举　　制单：陈艳

31. 12 月 26 日根据工资总额的 2%计提工会经费，根据工资总额的 1.5%计提职工教育经费（见表 4-71、表 4-72）。

表 4-71

工会经费计算表

2008 年 12 月 26 日

产品、车间和部门		计提工会经费工资总额（元）	提取比例（%）	工会经费（元）
生产车间	A 产品	36 000.00	2	
	B 产品	22 000.00	2	
车间管理部门		5 000.00	2	
行政管理部门		7 000.00	2	
业务部门		10 000.00	2	
合 计		80 000.00		

复核：李明　　　　会计主管：许鹏举　　　　制单：陈艳

表 4-72

职工教育经费计算表

2008 年 12 月 26 日

产品、车间和部门		计提职工教育经费工资总额（元）	提取比例（%）	职工教育经费（元）
生产车间	A 产品	36 000.00	1.5	
	B 产品	22 000.00	1.5	
车间管理部门		5 000.00	1.5	
行政管理部门		7 000.00	1.5	
业务部门		10 000.00	1.5	
合 计		80 000.00		

复核：李明　　　　会计主管：许鹏举　　　　制单：陈艳

32. 12 月 26 日，经批准结转确实无法支付的大兴公司应付账款（见表 4-73）。

表 4-73

内部转账单

2008 年 12 月 26 日　　　　第 143 号

户 名	摘 要	金额（元）	备 注
大兴贸易公司	经批准，转“营业外收入”账户	45 000.00	对方单位解散，同意转销 杨明印

复核：李明　　　　会计主管：许鹏举　　　　制单：陈艳

33. 12 月 26 日，经批准结转盘亏机器设备的清理损失（见表 4-74）。

表 4-74

内部转账单

2008 年 12 月 26 日　　　　第 144 号

摘　要	金额（元）	备注
转销上月盘亏机器设备净值	4 600.00	经批准，同意转销 杨明印
合　　计	4 600.00	

复核：李明　　　　会计主管：许鹏举　　　　制单：陈艳

34. 按加权平均法核算 12 月出库材料成本（见表 4-75）。

表 4-75

材料耗用汇总表

2008 年 12 月 26 日

材料品种及数量 / 用途	甲材料			乙材料			金额（元）
	数量（千克）	单价（元）	金额（元）	数量（千克）	单价（元）	金额（元）	
生产 A 产品使用	3 000	25.28	75 840.00	8 000	15.57	124 560.00	200 400.00
生产 B 产品使用	5 000	25.28	126 400.00	7 000	15.57	108 990.00	235 390.00
车间一般领用	300	25.28	7 584.00	500	15.57	7 785.00	15 369.00
管理部门领用	200	25.28	5 056.00	500	15.57	7 785.00	12 841.00
材料让售				500	15.57	7 785.00	7 785.00
合　　计	8 500		214 880.00	16 500		256 905.00	471 785.00

复核：李明　　　　会计主管：许鹏举　　　　制单：陈艳

35. 12 月 26 日，分配本月制造费用（按生产工人工资比例分配，分配率保留 2 位小数，见表 4-76）。

表 4-76

基本生产车间制造费用分配表

2008 年 12 月 26 日

产　品	生产工人工资（元）	分配率	应分配金额（元）
A 产品			
B 产品			
合 计			

复核：李明　　　　会计主管：许鹏举　　　　制单：陈艳

36. 12 月 28 日登记生产成本明细账，计算完工产品成本，并结转(见表 4-76～表 4-81)。

表 4-77

生产情况报告表

编报单位：基本生产车间

产　品	单　位	月初在产品	本月投产	本月完工入库	月末在产品	在产品完工程度
A 产品	件	80	420	500	0	
B 产品	件	200	1 000	1 200	0	

复核：李明　　会计主管：许鹏举　　制单：陈艳

表 4-78

产品入库汇总表

编报单位：成品仓库　　2008 年 12 月 28 日

编　号	品　名	规　格	单　位	数　量	备　注
	A 产品		件	500	
	B 产品		件	1 200	

主管：张力　　记账：王飞　　保管：钟诚

表 4-79

生产成本明细账

产品名称：A 产品　　2008 年 12 月 28 日　　完工产品：500 件

在产品：件　完工程度：

成本项目	成本项目			合　计
	直接材料	直接人工	制造费用（元）	
月初在产品				
本月生产费用				
结转完工成本				
月末在产品				

复核：李明　　会计主管：许鹏举　　制单：陈艳

表 4-80

生产成本明细账

产品名称：B产品　　2008年12月28日　　完工产品：1 200件

在产品：件　完工程度：

成本项目	成本项目			合　计
	直接材料	直接人工	制造费用（元）	
月初在产品				
本月生产费用				
结转完工成本				
月末在产品				

复核：李明　　会计主管：许鹏举　　制单：陈艳

注：根据“生产成本”明细账，编制生产成本计算表，计算完工产品成本，然后将完工产品成本进行结转。

表 4-81

完工产品制造成本计算表

2008年12月28日

成本项目	A产品（500件）		B产品（1 200件）	
	总成本（元）	单位成本（元）	总成本（元）	单位成本（元）
直接材料				
直接人工				
制造费用				
合　　计				

复核：李明　　会计主管：许鹏举　　制单：陈艳

37. 12月30日向武汉市恒通贸易公司销售A产品300件，单价700元，货已发出。价税合计245 700元，款已收并存银行（见表4-82、表4-83）。

表 4-82

中国工商银行进账单（收款通知）3

2008 年 12 月 30 日

收款人	全称	武汉市新进工贸有限公司	付款人	全称	武汉市恒通贸易公司
	账号	121081932928		账号	4300011814232
	开户银行	工商银行中华路分理处		开户银行	工商银行桥东办

金额	人民币（大写） 贰拾肆万伍仟柒佰元整	千	百	十	万	千	百	十	元	角	分
			¥	2	4	5	7	0	0	0	0

票据种类	转账支票	
票据张数	1	
单位主管： 会计： 复核： 记账：		收款人开户银行盖章：

表 4-83

增值税专用发票

发票联

№

开票日期：2008 年 12 月 30 日

购货单位	名称：武汉市恒通贸易公司				密码区	（略）	
	纳税人识别号：291702243275033						
	地址、电话：临江大街 88 号 63369828						
	开户行及账号：工商银行桥东办 4300011814232						
商品及劳务名称	规格型号	计量单位	数量	单价（元）	金额（元）	税率（%）	税额（元）
A 产品		件	300	700.00	210 000.00	17	35 700.00
合计					¥210 000.00		¥35 700.00
价税合计（大写）	贰拾肆万伍仟柒佰零拾元零角零分				（小写）¥245 700.00		
销货单位	名称：武汉市新进工贸有限公司				备注		
	纳税人识别号：420716649765294						
	地址、电话：中华路 819 号 87369824						
	开户行及账号：工商银行中华路分理处 121081932928						

第二联 发票联 购货方记账联

收款人：张果果 复核人：满江 开票人：王飞 开票单位（盖章）：

38.12 月 30 日向武汉市滨江商场销售 A 产品 400 件，单价 700 元，B 产品 500 件，单价 400 元，货已发出，收到滨江商场银行承兑汇票一张（见表 4-84～表 4-86）。

表 4-84

银行承兑汇票 2

汇票号码　118

签发日期：2008 年 12 月 30 日

第 45368 号

出票人全称	武汉市滨江商场	收款人	全称	武汉市新进工贸有限公司
出票人账号	343852		账号	121081932928
付款人全称	工商银行武汉市南桥办		开户银行	工商银行中华路分理处
汇 票 金 额	人民币（大写）伍拾陆万壹仟陆佰元零角零分			¥561 600.00
汇票到期日	2009 年 3 月 30 日			

	承兑协议编号	4265	交易合同编号
本汇票送请你行承兑，并确认《银行结算办法》和承兑协议的各项规定。 此致 [中国工商银行武汉市 南桥办事处 2008.12.30 业务章] 承兑银行（盖章）： 2008 年 12 月 30 日	[武汉市滨江商场] 汇票签发人（盖章）： 负责：李明　经办：吴兰		科目(付)： 对方科目(收)： 转账日期：年　月　日 复核：　　记账：
本汇票经本行承兑，到期日由本行交付。 承兑银行盖章： 2008 年 12 月 30 日			

表 4-85

银行承兑汇票 3

汇票号码　118

签发日期：2008 年 12 月 30 日　　第 45368 号

出票人全称	武汉市滨江商场	收款人	全称	武汉市新进工贸有限公司
出票人账号	343852		账号	121081932928
付款人全称	工商银行武汉市南桥办		开户银行	工商银行中华路分理处
汇 票 金 额	人民币（大写）伍拾陆万壹仟陆佰元零角零分			¥561 600.00
汇票到期日	2009 年 3 月 30 日			
收款人开户银行盖章： 复核：　会计：	承兑协议编号	4265	交易合同编号	
	汇票签发人（盖章）： 负责：文兵　经办：刘易			

表 4-86

增值税专用发票

发票联　　№

开票日期：2008 年 12 月 30 日

购货单位	名称：武汉市滨江商场	密码区	（略）
	纳税人识别号：280102100120054		
	地址、电话：武汉市南桥路 10 号　82730442		
	开户行及账号：工商银行南桥办 346852		

商品及劳务名称	规格型号	计量单位	数量	单价（元）	金额（元）	税率（%）	税额（元）
A 产品		件	400	700.00	280 000.00	17	47 600.00
B 产品		件	500	400.00	200 000.00	17	34 000.0
合计					¥480 000.00		¥81 600.00
价税合计（大写）	伍拾陆万壹仟陆佰零拾元零角零分				（小写）¥561 600.00		

销货单位	名称：武汉市新进工贸有限公司	备注	
	纳税人识别号：420716649765294		
	地址、电话：中华路 819 号 87369824		
	开户行及账号：工商银行中华路分理处 121081932928		

第二联　发票联　购货方记账联

收款人：张果果　　复核人：满江　　开票人：王飞　　开票单位(盖章)：

39. 12月30日，计算并结转已销产品的销售成本（见表4-87～表4-89）。

表4-87

产品销售汇总表

2008年12月30日

项 目	A产品		B产品		合 计
	数量（件）	金额（元）	数量（件）	金额（元）	
月初结存（件）					
本月入库（件）					
加权平均单价（元）					
本月已销产品成本（元）					

复核：李明　　　　会计主管：许鹏举　　　　制单：陈艳

40. 12月30日根据本月应交增值税及应交营业税，计提城市维护建设税及教育费附加。

表4-88

增值税计算单

2008年12月30日　　　　单位：元

	1	2	3	4=1−2−3	5	6=4−5
	本月销项税额	本月进项税额	准予扣除进项税额	应交增值税税额	减免税额	实际应纳增值税

复核：李明　　　　会计主管：许鹏举　　　　制单：陈艳

表 4-89

城建税及教育费附加计算表

2008 年 12 月 30 日

项　目	课税数量				税率（提取比例）	金　额（元）
	本月应交增值税（元）	本月应交营业税（元）	本月应交消费税（元）	合计		
应交城建税					7%	
应交教育费附加					3%	

41. 12 月 30 日收到武汉市华联商场转账支票一张，系付 19 日货款当即进账（见表 4-90）。

表 4-90

中国工商银行进账单（收款通知）3

2008 年 12 月 30 日

收款人			付款人		
收款人	全　称	武汉市新进工贸有限公司	付款人	全　称	武汉市华联商场
	账　号	121081932928		账　号	145654988212
	开户银行	工商银行中华路分理处		开户银行	工商银行洪山支行

金额	千	百	十	万	千	百	十	元	角	分
人民币（大写）贰拾捌万零捌佰元整		¥	2	8	0	8	0	0	0	0

票据种类	转账支票
票据张数	1
单位主管：　会计：　复核：　记账：	收款人开户银行盖章：

中国工商银行武汉市 中华路分理处 2008.12.30 业务章

此联是收款人开户银行交给收款人的收款通知

42. 12 月 30 日，接银行收款通知，本季度存款利息已到账（见表 4-91、表 4-92）。

表 4-91

中国工商银行存款利息通知单（代付出传票）

2008 年 12 月 30 日　　No 1654804

<table>
<tr><td>户　名</td><td>武汉市新进工贸
有限公司</td><td></td><td>账　户</td><td colspan="7">121081932928</td></tr>
<tr><td>利息计算时间</td><td>2008 年 9 月 21 日
至 12 月 20 日</td><td colspan="2">利息积数：
3 000 000. 00</td><td colspan="7">季利率：3‰</td></tr>
<tr><td rowspan="2">利息金额</td><td rowspan="2" colspan="3">人民币（大写）玖仟元整</td><td>万</td><td>千</td><td>百</td><td>十</td><td>元</td><td>角</td><td>分</td></tr>
<tr><td>¥</td><td>9</td><td>0</td><td>0</td><td>0</td><td>0</td><td>0</td></tr>
<tr><td colspan="2">上列利息已转入你公司账户
中国工商银行武汉市分行
中华路分理处
（中国工商银行武汉市 中华路分理处 2008. 12. 30 业务章）</td><td colspan="9">科目：
转账日期：2008 年 12 月 30 日
复核：　　记账：　　制单：</td></tr>
</table>

43．12 月 31 日结转本月收入、收益类账户余额至“本年利润”账户（见表 4-92）。

表 4-92

内部转账单

2008 年 12 月 31 日　　No 145

摘　要	转账项目	金　额（元）
结转至“本年利润”账户		
结转至“本年利润”账户		
结转至“本年利润”账户		
结转至“本年利润”账户		
结转至“本年利润”账户		
结转至“本年利润”账户		
合　　计		

复核：李明　　会计主管：许鹏举　　制单：陈艳

注：根据账簿资料，将金额填入表内，然后转账。

44．12 月 31 日结转本月成本、费用类账户余额至“本年利润”账户（见表 4-93）。

表 4-93

内部转账单

2008 年 12 月 31 日　　　　No 146

摘　要	转账项目	金　额（元）
结转至“本年利润”账户		
结转至“本年利润”账户		
结转至“本年利润”账户		
结转至“本年利润”账户		
结转至“本年利润”账户		
结转至“本年利润”账户		
合　　计		

复核：李明　　　　会计主管：许鹏举　　　　制单：陈艳

注：根据账簿资料，将金额填入表内，然后转账。

45. 12 月 31 日计算并结转本月企业所得税（见表 4-94）。

表 4-94

内部转账单

2008 年 12 月 31 日　　　　第 147 号

摘　要	金　额（元）
本月应交企业所得税	

复核：李明　　　　会计主管：许鹏举　　　　制单：陈艳

注：将企业所得税转至“本年利润”账户。

46. 12 月 31 日结转全年净利润至“利润分配——未分配利润”账户（见表 4-95）。

表 4-95

内部转账单

2008 年 12 月 31 日　　第 148 号

摘　要	金　额（元）
结转全年净利润	
金额大写：	

复核：李明　　会计主管：许鹏举　　制单：陈艳

注：结转全年净利润至“利润分配——未分配利润”账户

47. 12 月 31 日进行利润分配（见表 4-96）。

表 4-96

利润分配计算表

2008 年 12 月 31 日

分配项目	分配依据	分配或提取比率	金　额（元）
法定盈余公积金			
应付利润			

复核：李明　　会计主管：许鹏举　　制单：陈艳

48. 12 月 31 日结转利润分配各明细账余额至“利润分配——未分配利润”账户（见表 4-97）。

表 4-97

内部转账单

2008 年 12 月 31 日　　No 149

摘　要	转账项目	金　额（元）
结转至“利润分配——未分配利润”账户		
结转至“利润分配——未分配利润”账户		
合　计		

49. 12 月 31 日根据相关资料编制资产负债表。

50. 12 月 31 日根据相关资料编制利润表。

第五章 模拟实验参考答案

第一节 模拟填制记账凭证参考答案

单位：元

2008年		凭证号	摘要	一级科目	明细科目	借方金额	贷方金额
月	日						
12	1	1	预付货款	预付账款 银行存款	江城贸易公司	50 000.00	 50 000.00
12	1	2	业务科领备用金	其他应收款 银行存款	业务科	4 000.00	 4 000.00
12	3	3	支付购料款	原材料 应交税费 银行存款	甲材料 应交增值税——进项税额	125 500.00 20 825.00	 146 325.00
12	3	4	支付办公用品费	管理费用 库存现金	办公费	200.00	 200.00
12	5	5	投资设备一台	固定资产清理 累计折旧 固定资产	 不需用设备	160 000.00 40 000.00	 200 000.00
12	5	6	投资设备一台	长期股权投资 固定资产清理		160 000.00	 160 000.00
12	6	7	上缴上月增值税	应交税费 银行存款	应交增值税——已交税金	11 078.76	 11 078.76
12	6	8	上缴上月城建税	应交税费 银行存款	应交城市维护建设税 银行存款	1 105.24	 1 105.24

续表

2008年		凭证号	摘要	一级科目	明细科目	借方金额	贷方金额
月	日						
12	6	9	购料验收入库，款未付	原材料 应交税费 应付账款	乙材料 应交增值税——进项税额 长征工贸公司	95 400.00 15 708.00	 111 108.00
12	6	10	提取现金	库存现金 银行存款		500.00	 500.00
12	6	11	支付购货款，材料未入库	在途物资 在途物资 应交税费 银行存款	甲材料 乙材料 应交增值税——进项税额	25 910.00 31 090.00 9 350.00	 66 350.00
12	7	12	提取现金用于发放工资	库存现金 银行存款		76 553.00	 76 553.00
12	7	13	发放12月工资	应付职工薪酬 库存现金 其他应付款 其他应付款 其他应付款	职工工资 代扣水电费 代扣家属医药费 代扣保险费	80 000.00	 76 553.00 757.44 1 115.00 1 574.56
12	8	14	支付印花税票款	管理费用 银行存款	税金	580.00	 580.00
12	11	15	王成借差旅费	其他应收款 银行存款	王成	3 000.00	 3 000.00
12	12	16	支付明年财产保险费	预付账款 银行存款	财产保险费	4 800.00	 4 800.00
12	14	17	常畅报销托幼费	应付职工薪酬 库存现金	职工福利费	200.00	 200.00
12	14	18	福利费分配	管理费用 应付职工薪酬	福利费 职工福利	200.00	 200.00
12	15	19	购甲、乙材料已验收入库	原材料 原材料 应交税费 应付票据	甲材料 乙材料 应交增值税——进项税额 中兴公司	175 700.00 186 000.00 60 520.00	 422 220.00

续表

2008年		凭证号	摘　要	一级科目	明细科目	借方金额	贷方金额
月	日						
12	17	20	职工王进交罚款	库存现金 营业外收入	 罚款收入	200.00	 200.00
12	17	21	乙材料销售收入	银行存款 其他业务收入 应交税费	 材料销售 应交增值税——进项税额	10 530.00	 9 000.00 1 530.00
12	18	22	支付电话费	管理费用 银行存款	办公费	250.82	 250.82
12	18	23	支付车间修理费	预付账款 银行存款	修理费	1 500.00	 1 500.00
12	18	24	车间修理费本月摊销	管理费用 预付账款	修理费 修理费	300.00	 300.00
12	19	25	支付产品广告费	销售费用 银行存款	广告费	10 000.00	 10 000.00
12	19	26	支付前欠货款	应付账款 银行存款	长征公司	111 108.00	 111 108.00
12	19	27	B产品销售收入	应收账款 主营业务收入 应交税费	华联商场 B产品 应交增值税——销销项税额	280 800.00	 240 000.00 40 800.00
12	20	28	出售设备一台	银行存款 固定资产清理		100 000.00	 100 000.00
12	20	29	出售设备一台	固定资产清理 累计折旧 固定资产	 不需用	80 000.00 120 000.00	 200 000.00
12	20	30	结转固定资产清理	固定资产清理 营业外收入	 固定资产清理收入	20 000.00	 20 000.00
12	21	31	转让非专利技术一项	银行存款 无形资产 应交税费 营业外收入	 非专利技术 应交营业税 出售无形资产收益	70 000.00	 50 260.00 3 500.00 16 240.00

续表

2008年		凭证号	摘　要	一级科目	明细科目	借方金额	贷方金额
月	日						
12	22	32	计提借款利息	财务费用 应付利息	利息支出 借款利息	2 666.40	 2 666.40
12	22	33	摊销财产保险费	管理费用 预付账款	保险费 财产保险费	800.00	 800.00
12	23	34	王成报销差旅费	库存现金 制造费用 其他应收款	 差旅费 王成	400.00 2 600.00	 3 000.00
12	25	34	计提本月固定资产折旧	制造费用 管理费用 累计折旧	折旧费 折旧费	5 600.00 1 600.00	 7 200.00
12	25	35	接受捐赠设备一台	固定资产 营业外收入 库存现金	生产用设备	13 200.00	 12 200.00 1 000.00
12	26	37	分配本月工资费用	生产成本 生产成本 制造费用 管理费用 销售费用 应付职工薪酬	基本生产成本——A产品——直接人工 基本生产成本——B产品——直接人工 职工薪酬 职工薪酬 职工薪酬 工资	36 000.00 22 000.00 5 000.00 7 000.00 10 000.00	 80 000.00
12	26	38	计提工会经费	生产成本 生产成本 制造费用 管理费用 销售费用 应付职工薪酬	基本生产成本——A产品——直接人工 基本生产成本——B产品——直接人工 职工薪酬 职工薪酬 职工薪酬 工会经费	720.00 440.00 100.00 140.00 200.00	 1 600.00

续表

2008年		凭证号	摘 要	一级科目	明细科目	借方金额	贷方金额
月	日						
12	26	39	计提职工教育经费	生产成本	基本生产成本——A产品——直接人工	540.00	
				生产成本	基本生产成本——B产品——直接人工	330.00	
				制造费用	职工薪酬	75.00	
				管理费用	职工薪酬	105.00	
				销售费用	职工薪酬	150.00	
				应付职工薪酬	职工教育经费		1 200.00
12	26	40	结转无法支付的账款	应付账款	大兴公司	45 000.00	
				营业外收入			45 000.00
12	26	41	结转盘亏固定资产损失	营业外支出	固定资产盘亏	4 600.00	
				待处理财产损溢	待处理固定资产损溢		4 600.00
12	26	42	原材料领用分配	生产成本	基本生产成本——A产品——直接材料	200 400.00	
				生产成本	基本生产成本——B产品——直接材料	235 390.00	
				制造费用	材料费	15 369.00	
				管理费用	材料费	12 841.00	
				其他业务成本		7 785.00	
				原材料	甲材料		214 880.00
				原材料	乙材料		256 905.00
12	26	43	分配制造费用	生产成本	基本生产成本——A产品——制造费用	18 000.00	
				生产成本	基本生产成本——B产品——制造费用	10 744.00	
				制造费用			28 744.00

续表

2008年 月	日	凭证号	摘要	一级科目	明细科目	借方金额	贷方金额
12	28	44	计算结转完工产品成本	库存商品 库存商品 生产成本 生产成本	A产品 B产品 基本生产成本——A产品 基本生产成本——B产品	297 888.00 292 956.00	 297 888.00 292 956.00
12	30	45	A产品销售收入	银行存款 主营业务收入 应交税费	 A产品 应交增值税——销项税额	245 700.00	 210 000.00 35 700.00
12	30	46	A、B产品销售收入	应收票据 主营业务收入 主营业务收入 应交税费	 A产品 B产品 应交增值税——销项税额	561 600.00	 280 000.00 200 000.00 81 600.00
12	30	47	结转销售成本	主营业务成本 主营业务成本 库存商品 库存商品	A产品 B产品 A产品 B产品	421 888.00 272 063.00	 421 888.00 272 063.00
12	30	48	计提本月城建税及附加	营业税金及附加 应交税费 应交税费	 城市维护建设税 教育费附加	5 672.70	 3 970.89 1 701.81
12	30	49	收到销货款	银行存款 应收账款	 华联商场	280 800.00	 280 800.00
12	30	50	本季度存款利息	银行存款 财务费用	 利息收入	9 000.00	 9 000.00
12	31	51	结转损益类收入账户余额	主营业务收入 其他业务收入 营业外收入 财务费用 本年利润		930 000.00 9 000.00 93 640.00 6 333.60	 1 038 973.60

续表

2008年		凭证号	摘　要	一级科目	明细科目	借方金额	贷方金额
月	日						
12	31	52	结转损益类成本费用账户余额	本年利润		756 375.52	
				主营业务成本			693 951.00
				管理费用			24 016.82
				销售费用			20 350.00
				其他业务成本			7 785.00
				营业外支出			4 600.00
				营业税金及附加			5 672.70
12	31	53	计提本月企业所得税	所得税费用		70 649.52	
				应交税费	应交企业所得税		70 649.52
12	31	54	结转本月企业所得税至损益	本年利润		70 649.52	
				所得税费用			70 649.52
12	31	55	结转全年净利润	本年利润		690 448.56	
				利润分配	未分配利润		690 448.56
12	31	56	进行利润分配	利润分配	提取法定盈余公积金	69 044.86	
				利润分配	应付股东利润	345 224.28	
				盈余公积	法定盈余公积金		69 044.86
				应付利润	应付投资者利润		345 224.28
12	31	57	结转利润分配	利润分配	未分配利润	414 269.14	
				利润分配	提取法定盈余公积金		69 044.86
				利润分配	应付投资者利润		345 224.28

相关记账凭证的计算过程如下：

47. A产品加权平均单价＝（200×620＋297888.00）÷（200＋500）
≈602.70（元/件）

B产品加权平均单价＝（500×255＋292956.00）÷（500＋1200）
≈247.33（元/件）

本月已售A产品成本＝124000＋297888.00＝421888.00（元）

本月已售B产品成本＝（600＋500）×247.33＝272063.00（元）

48. （1）应交增值税＝本月销项税合计－本月进项税合计
＝(35700＋40800＋1530＋81600)－

（20825＋15708＋9350＋60520）
＝53227（元）

（2）应交营业税＝3500（元）

（3）城市维护建设税＝应交流转税×7％
＝（53227＋3500）×7％
＝3970.89（元）

（4）教育费附加＝应交流转税×3％
＝（53227＋3500）×3％
＝1701.81（元）

55.（1）12月份利润总额＝（1038973.60－756375.52）
＝282598.08（元）

（2）12月份应交企业所得税＝（1038973.60－756375.52）×25％
＝70649.52（元）

（3）12月份净利润＝282598.08－70649.52
＝211948.56（元）

55. 全年净利润＝478500＋211948.56＝690448.56（元）

56.（1）计提法定盈余公积金＝690448.56×10％＝69044.86（元）

（2）应付投资者利润＝690448.56×50％＝345224.28（元）

第二节　模拟编制科目汇总表参考答案

单位：元

会计科目	期初余额		本期发生额		期末余额	
	期初借方余额	期初贷方余额	本期借方发生额	本期贷方发生额	期末借方余额	期末借方余额
1. 库存现金	3 000.00		77 653.00	77 953.00	2 700.00	
2. 银行存款	1 509 389.00		716 030.00	487 150.82	1 738 268.18	
3. 应收票据	15 000.00		561 600.00		576 600.00	
4. 应收账款	50 000.00		280 800.00	280 800.00	50 000.00	
5. 坏账准备		1 200.00				1 200.00
6. 其他应收款			7 000.00	3 000.00	4 000.00	
7. 预付账款	8 551.00		56 300.00	1 100.00	63 751.00	
8. 在途物资			57 000.00		57 000.00	
9. 原材料	108 000.00		582 600.00	471 785.00	218 815.00	

续表

会计科目	期初余额		本期发生额		期末余额	
	期初借方余额	期初贷方余额	本期借方发生额	本期贷方发生额	期末借方余额	期末借方余额
10. 周转材料	70 887.00				70 887.00	
11. 库存商品	251 500.00		590 844.00	693 951.00	148 393.00	
12. 长期股权投资			160 000.00		160 000.00	
13. 固定资产	7 120 000.00		13 200.00	400 000.00	6 733 200.00	
14. 累计折旧		854 120.00	160 000.00	7 200.00		701 320.00
15. 固定资产清理			260 000.00	260 000.00		
16. 无形资产	174 560.00			50 260.00	124 300.00	
17. 待处理财产损益	4 600.00			4 600.00		
18. 短期借款		800 000.00				800 000.00
19. 应付票据		200 000.00		422 220.00		622 220.00
20. 应付账款		300 000.00	156 108.00	111 108.00		255 000.00
21. 应付职工薪酬		87 200.00	80 200.00	83 000.00		90 000.00
22. 应付股利				345 224.28		345 224.28
23. 应交税费		12 184.00	118 587.00	239 452.22		133 049.22
24. 其他应付款		1 800.00		3 447.00		5 247.00
25. 应付利息				2 666.40		2 666.40
26. 实收资本		4 000 000.00				4 000 000.00
27. 资本公积		450 000.00				450 000.00
28. 盈余公积		2 196 763.00		69 044.86		2 265 807.86
29. 本年利润		478 500.00	1 517 473.60	1 038 973.60		
30. 利润分配			828 538.28	1 104 717.70		276 179.42
31. 生产成本	66 280.00		524 564.00	590 844.00		
32. 制造费用			28 744.00	28 744.00		
33. 主营业务收入			930 000.00	930 000.00		
34. 其他业务收入			9 000.00	9 000.00		
35. 营业外收入			93 640.00	93 640.00		

续表

会计科目	期初余额		本期发生额		期末余额	
	期初借方余额	期初贷方余额	本期借方发生额	本期贷方发生额	期末借方余额	期末借方余额
36. 主营业务成本			693 951.00	693 951.00		
37. 营业税金及附加			5 672.70	5 672.70		
38. 其他业务成本			7 785.00	7 785.00		
39. 销售费用			20 350.00	20 350.00		
40. 管理费用			24 016.82	24 016.82		
41. 财务费用			9 000.00	9 000.00		
42. 营业外支出			4 600.00	4 600.00		
43. 所得税费用			70 649.52	70 649.52		
合　计	9 381 767.00	9 381 767.00	8 645 906.92	8 645 906.92	9 947 914.18	9 947 914.18

第三节　模拟编制会计报表参考答案

资产负债表

编制单位：武汉市新进工贸有限公司　　　　2008 年 12 月 31 日　　　　单位：元

资　产	行次	期末余额	期初余额	负债和所有者权益	行次	期末余额	期初余额
流动资产：				流动负债：			
货币资金	1	1 740 968.18	1 512 389.00	短期借款	32	800 000.00	800 000.00
交易性金融资产	2			交易性金融负债	33		
应收票据	3	576 600.00	15 000.00	应付票据	34	622 220.00	200 000.00
应收账款	4	48 800.00	48 800.00	应付账款	35	255 000.00	300 000.00
预付款项	5	63 751.00	8 551.00	预收款项	36		
应收利息	6			应付职工薪酬	37	90 000.00	87 200.00
应收股利	7			应交税费	38	133 049.22	12 184.00
其他应收款	8	4 000.00		应付利息	39	2 666.40	
存货	9	495 095.00	496 667.00	应付股利	40	345 224.28	

续表

资　产	行次	期末余额	期初余额	负债和所有者权益	行次	期末余额	期初余额
一年内到期的非流动资产	10			其它应付款	41	5 247.00	1 800.00
其他流动资产	11			一年内到期的非流动负债	42		
流动资产合计	12	2 929 214.18	2 081 407.00	其他流动负债	43		
非流动资产：				流动负债合计	44	2 253 406.90	1 401 184.00
可供出售金融资产	13			非流动负债：			
持有至到期日投资	14			长期借款	45		
长期应收款	15			应付债券	46		
长期股权投资	16	160 000.00					
投资性房地产	17			长期应付款	47		
固定资产	18	6 031 880.00	6 265 880.00	专项应付款	48		
工程物资	19			预计负债	49		
在建工程	20			递延所得税负债	50		
待处理固定资产损益	21		4 600.00	其他流动负债	51		
生产型生物资产	22			负债合计	52	2 253 406.90	1 401 184.00
油气资产	23			所有者权益：	53		
无形资产	24	124 300.00	174 560.00	实收资本	54	4 000 000.00	4 000 000.00
开发支出	25			资本公积	55	450 000.00	450 000.00
商誉	26			减：库存股	56		
长期待摊费用	27			盈余公积	57	2 265 807.86	2 196 763.00
递延所得税资产	28			未分配利润	58	276 179.42	478 500.00
其他非流动资产	29			所有者权益合计	59	6 991 987.28	7 125 263.00

续表

资　产	行次	期末余额	期初余额	负债和所有者权益	行次	期末余额	期初余额
非流动资产合计	30	6 316 180.00	6 445 040.00				
资产总计	31	9 245 394.18	8 526 447.00	负债和股东权益合计	60	9 245 394.18	8 526 447.00

主管：　　　　复核：　　　　制表：

利润表

编制单位：武汉市新进工贸有限公司　　2008年12月31日　　单位：元

项　目	行　号	本期金额	上期金额
一、营业收入	1	939 000.00	
减：营业成本	2	701 736.00	
营业税金及附加	3	5 672.70	
销售费用	4	20 350.00	
管理费用	5	24 016.82	
财务费用	6	－6 333.60	
资产减值损失	7		
加：公允价值变动收益（损失以“－”号填列）	8		
投资收益（损失以“－”号填列）	9		
其中：对联营企业和合营企业的投资收益	10		
二、营业利润（亏损以“－”号填列）	11	193 558.08	
加：营业外收入	12	93 640.00	
减：营业外支出	13	4 600.00	
其中：非流动资产处置损失	14	4 600.00	
三、利润总额（亏损总额以“－”号填列）	15	282 598.08	
减：所得税费用	16	70 649.52	
四、净利润（净亏损以“－”号填列）	17	211 948.56	
五、每股收益：	19		
（一）基本每股收益	20		
（二）稀释每股收益	21		

附录一　证账表样单

（原始凭证图样 1）

增值税专用发票

1100033544　　　　发票联

No 07331236

开票日期：

购货单位	名　称： 纳税人识别号： 地址、电话： 开户行及账号：				密码区	5>5<22 _ >>211/5<18+ +87<　加密版本号： 5>+5960/344216 _ / _ +9> 61 3<11/5<18+9<+6 _ 22028 * 4 1100033544 3<>5<22 _ >>2－09/>>2907331236	
货物或应税劳务名称	规格型号	单位	数量	单价	金额	税率	税额
合　计							
价税合计						（小写）¥	
销售单位	名　称： 纳税人识别号： 地址、电话： 开户行及账号：				备注	鼎盛实业有限公司 税号:110108524579638 发票专用章	

收款人：　　　复核：　　　开票人：　　　销货单位（章）：

第三联　发票联　购货方记账凭证

（原始凭证图样 2）

国税

武汉市工商企业产品销售发票

全国统一发票监制
发 票 联
武 汉
国家税务局监制

顾客名称
及 地 址：

20　年　月　日填发

品名规格	单位	数量	单价	超过十万元无效	金额							备注
					万	千	百	拾	元	角	分	
合计人民币（大写）　万　仟　佰　拾　元　角　分												

第二联　发票联

填票人：　　　收款人：　　　企业名称及地址（盖章）：

（原始凭证图样 3）

收　　据

No 005623

年　　月　　日

交款单位＿＿＿＿＿＿＿＿＿＿＿＿＿＿＿＿＿＿＿＿

收款事由＿＿＿＿＿＿＿＿＿＿＿＿＿＿＿＿＿＿＿＿

＿＿＿＿＿＿＿＿＿＿＿＿＿＿＿＿＿＿＿＿

人民币　拾　万　仟　佰　拾　元　角　分（￥　　　）

第二联　收据联

会计：　　　出纳：　　　记账：

（原始凭证图样 4）

中国工商银行现金支票存根（鄂）

20011667

科目：…………

对方科目：…………

出票日期：　　年　月　日

收款人：…………

金额：…………

用途：…………

单位主管：　　会计：

中国工商银行　现金支票　（鄂）武汉　20011667

出票日期（大写）　　年　月　日　　付款行名称：

收款人：　　　　出票人账号：

人民币（大写）		千	百	十	万	千	百	十	万	元	角	分

用途＿＿＿＿＿＿　　科目（借）：

上列款项请从　　对方科目（贷）：

我账户内支付　　复核：　　记账：

出票人签章：

（原始凭证图样 5）

银行进账单（贷方凭证）

年 月 日

<table>
<tr><td rowspan="3">出票人</td><td>全 称</td><td colspan="3"></td><td rowspan="3">收款人</td><td>全 称</td><td colspan="10"></td></tr>
<tr><td>账 号</td><td colspan="3"></td><td>账 号</td><td colspan="10"></td></tr>
<tr><td>开户银行</td><td></td><td>行号</td><td></td><td>开户银行</td><td colspan="2"></td><td>行号</td><td colspan="7"></td></tr>
<tr><td colspan="7" rowspan="2">人民币
（大写）：</td><td>千</td><td>百</td><td>十</td><td>万</td><td>千</td><td>百</td><td>十</td><td>元</td><td>角</td><td>分</td></tr>
<tr><td></td><td></td><td></td><td></td><td></td><td></td><td></td><td></td><td></td><td></td></tr>
<tr><td colspan="2">事 由</td><td colspan="3"></td><td colspan="12" rowspan="2">科目(贷)：
对方科目(借)：
转账日期： 年 月 日
复核： 记账：</td></tr>
<tr><td colspan="2"></td><td colspan="3"></td></tr>
</table>

（记账凭证图样 1）

记 账 凭 证

年 月 日

摘 要	一级科目	二级科目	借方金额（元）	贷方金额（元）	记账

附件 张

会计主管： 记账： 出纳： 复核： 制单：

（记账凭证图样 2）

收款凭证

年 月 日

借方科目： 字第 号

摘要	会计科目	明细科目	金额											记账
			万	千	百	十	万	千	百	十	元	角	分	
合计	（附件 张）													

会计主管： 记账： 出纳： 复核： 制单：

（记账凭证图样 3）

付款凭证

年 月 日

贷方科目： 字第 号

摘要	会计科目	明细科目	金额											记账
			万	千	百	十	万	千	百	十	元	角	分	
合计	（附件 张）													

会计主管： 记账： 出纳： 复核： 制单：

（记账凭证图样 4）

转　账　凭　证

年　　月　　日

字第　　　号

摘　　要	会计科目	明细科目	借方金额										贷方金额										记账
			千	百	十	万	千	百	十	元	角	分	千	百	十	万	千	百	十	元	角	分	
合　　计	（附件　　　张）																						

会计主管：　　　　记账：　　　　复核：　　　　制单：

（账簿账页图样）

________明细账

第　　页

年		凭证字号		摘要	对方科目	借方（元）	贷方（元）	借或贷（元）	余额（元）
月	日								

附录二　手工数字练习

一、请反复练习书写阿拉伯数字 0、1、2、3、4、5、6、7、8、9

二、请反复练习大写金额数字零、壹、贰、叁、肆、伍、陆、柒、捌、玖、拾、佰、仟、万、亿、元（圆）、角、分、整

三、请写出以下各数的大写金额

1. ￥580,026.74　　应写为：________________
2. ￥97,310.00　　应写为：________________
3. ￥16.32　　应写为：________________
4. ￥603,048.01　　应写为：________________
5. ￥2,006.70　　应写为：________________
6. ￥58,010.11　　应写为：________________
7. ￥309,263,580.00　　应写为：________________
8. ￥50,000.01　　应写为：________________
9. ￥100,000.85　　应写为：________________
10. ￥0.57　　应写为：________________

四、请写出以下出票日期的中文大写

1. 2000 年 1 月 10 日　　应写为：________________
2. 2001 年 2 月 9 日　　应写为：________________
3. 2002 年 6 月 6 日　　应写为：________________
4. 2004 年 10 月 28 日　　应写为：________________
5. 2005 年 12 月 15 日　　应写为：________________
6. 2008 年 1 月 1 日　　应写为：________________
7. 2007 年 12 月 12 日　　应写为：________________
8. 2007 年 12 月 28 日　　应写为：________________
9. 2008 年 3 月 3 日　　应写为：________________
10. 2008 年 2 月 2 日　　应写为：________________

五、按要求规范填写教材附录的相关模拟票据

1. 2008 年 3 月 15 日销售煤炭 10 吨给滨海市发电厂，不含税单价 2 000 元/吨，税率 13%，要求填制增值税专用发票一张。购货单位资料如下：

名称：滨海市发电厂

纳税人识别号：320102005483912

地址电话：滨海市沿海大道 216 号 51223698

开户行及账号：滨海市工商银行 128546938054382

销售单位资料。

名称：佳义公司

纳税人识别号：110108524579638

地址电话：武汉市沿江大道 65 号 62583824

开户行及账号：武汉市工商银行营业部 283964854712356

2.2008 年 4 月 1 日销售复印纸 50 箱给重庆市三信办公用品公司，单价 113 元/箱；填制产品销售发票，并据以填制记账凭证。

3.2008 年 4 月 3 日收到天山市隆鑫贸易公司汇来货款 85 000.00 元，填制收款收据一张；并据以填制收款凭证。

4.2008 年 4 月 5 日需从银行取现金 150 500.00 元，用于发放工资，单位信息同练习 1 中销售单位信息，填制现金支票一份，并据以填制付款凭证。

5.2008 年 4 月 6 日，收到练习 1 购货单位滨海市发电厂银行汇票一张，款项为增值税发票所列金额，出票人和收款人信息同练习 1，填制银行进账单一份。

6.2008 年 3 月 31 日，计提当月管理部门固定资产折旧 3 150.00 元，据以填制转账凭证。（提示：会计分录为“借：管理费用——折旧费，贷：累计折旧”）

附录三　点钞技能考核资料

一、考核项目

（一）手工点钞

手工点钞分两大类。

（1）整把整点。

分单指单点、单指多点、多指多张和扇面等四种指法进行考核。用整把小版伍圆券，时间 10 分钟，完成拆把、点数、扎把、盖章等四道工序，计实点张数。

（2）散把整点。

用不成把的小版伍圆券，在 10 分钟内，完成点数、扎把、盖章等三道工序，计实点张数。该项目只限单指单张点钞的一种方法进行考核。

以上两类两项手工点钞，每场按 20 分钟标准点钞票，采取一场考核，分段（10 分钟为一段）进行的不连续考核方法，择优计成绩。

（二）工具整点硬分币

用贰分硬币，时间 10 分钟，完成拆卷、点数、封卷、盖章等四道工序，计实点枚数。

（三）机器点钞

用贰拾圆、拾圆、伍圆、壹圆券各一捆（共 5 000 张），完成拆把、点数、扎把、盖章等四道工序，计完成时间。

（四）现金收款

现金封包款 10 笔，备用金 1 包，计 11 包，合计在 20 000～30 000 元之间，2 000 枚（张）。其中壹佰圆、伍拾圆券各 100 张，贰拾圆、拾圆券各 200 张，伍元券 600 张，壹圆券 300 张，伍角、壹角券及伍分、贰分、壹分币分 100 张（枚）。各封包张数、金额不等，设置凭证的现金差错不定。按封包编号序时收款；完成拆装包、审凭证；按券别核收大数、点尾数、清点细数；盖收讫及名章；整理现金；登记现金收入日记簿；填制收款结数表、入库票及尾零数，交接登记簿等几道工序，计完成时间。

（五）票币计算

使用包括各种券别张（枚）数（两位数）的试题共 60 道题的试卷（伍拾圆券，伍角券，伍分、贰分币的张（枚）数，为 50 以上者各占该券别组题的 60%）。时间 10 分钟，完成用心算各券别张（枚）数及金额，用算盘加计各券金额合计数，填写各题答案等三道工序，按答对的题量（每题 3.6 分）计算成绩。

二、点钞能手级标准

中国工商银行根据银行实际确定的总行级技术标准，三项（必有单指单张点钞一项）达到标准者，为总行级出纳专业全能手。对于一般人员来说，标准是高了一些，但是应把这个标准作为我们努力奋斗的目标。

（1）单指单数：时数 15 000 张。

（2）多指多张：时数 24 000 张。

（3）扇面：时数 14 000 张。

（4）散把：时数 14 000 张。

（5）工具整点硬币：时数 60 000 枚。

（6）机器点钞：完成时间 5 分钟。

（7）收款：完成时间 20 分钟。

（8）票币计算：总分 144 分。

三、考核质量要求

（1）整点票币要做到点准（纸币每把 100 张，硬币每卷 100 枚），挑净（挑夹版，不易残），顿齐（无折角，不露角），捆紧（小把腰条扎紧，硬币封卷结实），盖章清楚（行号、名章清晰可辨）。

（2）收款要做到凭证、账表要素齐全，字迹清晰，数字准确，现金、凭证、登记簿三相符。

（3）票币计算做到答案准确、数字书写清晰。

四、考核的有关规定

（1）考前准备工作要做好。拆大捆（封包）按顺序摆放钞票（封包），备齐所需用具、腰条纸等。但不准松动或拍抖钞票，不准拆把（卷），不准在包装纸（腰条纸）上盖章或抹浆糊。

（2）除整点硬币项目外的各项考核，均须按钱把封包、试题的编号顺序进行。整点票币须跟准把（卷）的原腰条（原包装纸）。发出指令停止操作时，将最后把（卷）已点和未点部分分开摆放，同时向监考员（记时员）声明已点部分的张（枚）数。然后，退离操作一步，待评定正误、验质、记录成绩、会签成绩单、整理票币办妥交接后，听口令退场。机器点钞和现金收款两项，参考员操作完毕，即举右手示意。然后同整点票币项目时一样退离操作台一步，直到听口令退场。

票币计算项目，发出指令停止操作时，参考员即退离操作台一步待监考员（记时员）将算盘上加计的券别金额合计数，填在与此数对应的试卷别后面以后，听口令退场。

（3）整点票币发现差错，须在原腰条（包装纸）上分别以“＋”表示长款，以“－”表示短款，并注明长、短张（枚）数。以V1（包括夹版为100张）、V1＋1（包括夹版为101张）、V1－1（包括夹版为99张）等符号表示夹版。将原腰条纸（连同夹版）夹在新换腰条下捆紧，原包装纸压在原卷下，把（卷）单独摆放。

收款项目发现长短款，在凭证回单上注明长（＋）、短（－）金额，同时将回单退给监考员（记时员）办理长退短补手续。发现凭证内容要素不全，在空缺处以“×”表示发现；大、小写金额不符，以一道线划去小写，按大写金额收款。

（4）重点或复点差错，只限用本项目要求的指法，不准串用其他指法。单指单张点钞项目，每把开始和结尾都不准一捻多张或串用其他指法。收款项目清点现金，只限用单指单张一种指法点数。

（5）考核（比赛）结束，监考员（计时员）根据密封的标准答案和有关规定，评定正误（散把整点、逐把复点）、验收质量、记录成绩、会同参考员在成绩单上签章。对参考员整点最后把（卷）已点部分张（枚）数，按其声明数核定，正确计成绩，错误的取消该项成绩；已声明放弃者，不计成绩。

(6) 点数准确，处理程序符合规定，差错全部发现的，手工点钞和工具整点硬分币，每个差错加计成绩 50 张（枚）；机器点钞每个差错减少 4 秒；现金收款每个差错减计时间 20 秒。

(7) 发生下列情况之一者，取消该项目（段）成绩：未按顺序号操作；设置差错未全发现；顶错原腰条（原包装纸）；点出假错；遗留硬币未封入卷；末尾零头计数有误；不推或不按硬币计数器；手工点钞串用指法；失手撒把（卷）；放弃不点；备用机与操作机同时使用；散把点数、复点，验收发现把内有误；收款凭证大、小写金额不符；不逐笔登记现金日记簿；不按操作规程收款；现金、凭证、现金收入日记簿不符；在考核（比赛）时间外抢点或以未点票币冒充已点；差错记载或处理程序不符规定；质量验收有 40%把（卷）不合要求；不听口令或违反规定者。

(8) 发生下列情况之一者，每把（卷）减计成绩 10 张（枚）；机点每把加计时间 1 秒；现金收款每把（卷）加计时间 4 秒。

小把顿不齐，露头部分成梯形上下错开 5 毫米；封卷不紧；封头未扎实；扎把不紧；面上一张用手轻轻一提就能滑出；盖章不清；名章、行号有一项不清。

(9) 漏盖章或因扎（捆）不紧而松散的把（卷），不计成绩。机点和现金收款二项，发生上述情况每把（卷）分别加计时间 5 秒和 20 秒。

(10) 把（卷）签章行号和姓名不清者，每把（卷）手工整点减计成绩 20 张（枚）；机器点钞加计时间 2 秒，现金收款加计时间 8 秒。

(11) 现金收款，设置凭证差错未发现（金额大、小写不符合除外），每个差错加计时间 20 秒；漏盖收讫或名章，日记簿与凭记编号不符，每处加计时间 10 秒。

(12) 票币计算，答案尾数角、分为零者，以零补位。如书写有误须改正时，以一道线全部划掉，重填正确答案。涂改或书写不清的答案按答错题处理。分节号、小数点不清或未写者每题扣 2 分。停止操作时，进行中未计算完的试题，按把（卷）打分（每种券别 0.3 分）。

(13) 钱把上腰条的盖章时间，由参考员自己定。每场考核（比赛）指令前 2 分钟、1 分钟分别报时，便于盖章。使用图章须是单位、姓名俱全的规范章，不准用滚轮章、手指章、他人名章或同音名章，可用简化字名章（国家统一公布的简化字）。图章一律逐把盖在钱把腰条侧面。整点硬币项目，盖章方法和位置不限。钱把的捆扎方法不限。

从以上关于点钞比赛的项目、办法和具体规定等内容中了解出纳业务技术考核的具体要求，可供各校教学中根据学生实际，制定一些有关的办法和要求，以适应社会的需求。

初级阶段学练手持式点钞技术情况档案（供参考）

（________月____日到________月____日）

项　目	努力达到的目标（张/时）	每次考核实际达到的目标				简单总结与分析		今后应采取的措施
		1	2	3	4	经验	缺点与不足	
单单指张								
一多指张								
四四指张								
五五指张								
扇面								

附录四 学生实验报告

<table>
<tr><td colspan="2">实验项目名称</td><td></td><td>实验学生姓名</td><td></td><td>实验分组</td></tr>
<tr><td colspan="2">实验起止日期</td><td></td><td>实验学生班级</td><td></td><td rowspan="2"></td></tr>
<tr><td colspan="2">实验指导教师</td><td></td><td>实验学生学号</td><td></td></tr>
<tr><td>实验
评语</td><td colspan="3">指导教师签名： 年 月 日</td><td>实验评分</td><td></td></tr>
<tr><td colspan="6">一、预习报告（请阐述本次实验的目的及意义）</td></tr>
<tr><td colspan="6">二、实验方案（请说明本次实验的步骤和进程）</td></tr>
<tr><td colspan="6">三、实验结果分析、改进建议

学生签名：________
______年____月____日</td></tr>
</table>

参考文献

[1] 欧阳歆．会计学原理[M]．北京：中国财政经济出版社，2008.

[2] 钟新桥，曾祺林．会计学基础[M]．武汉：武汉理工大学出版社，2003.

[3] 陈元芳．会计核算基础[M]．武汉：华中科技大学出版社，2004.

[4] 吴国萍．基础会计学[M]．上海：上海财经大学出版社，2006.

[5] 韩辉．会计学基础[M]．北京：人民教育出版社，2006.

[6] 中华人民共和国财政部．企业会计准则——应用指南(2006)[M]．北京：中国财政经济出版社，2006.

[7] 石道金．中级财务会计[M]．杭州：浙江大学出版社，2007.

[8] 韩冬芳．中级财务会计[M]．上海：上海财经大学出版社，2007.

[9] 徐宗宇．基础会计[M]．北京：经济管理出版社，2006.

[10] 赖家元，王莲君，欧阳歆．会计学原理实训教程[M]．武汉：华中科技大学出版社，2007.

[11] 李厚华．计算技术[M]．北京：中国商业出版社，2005.

[12] 程坚．财务会计实训与练习[M]．2版．北京：中国财政经济出版社，2007.

[13] 洪学慧，周莉，胡向东．会计模拟实验案例教程[M]．修订版．武汉：华中科技大学出版社，2002.

[14] 曹慧，袁志忠．会计综合业务模拟实验[M]．修订版．北京：科学出版社，2007.